MOZZARELLA

Die Deutsche Bibliothek - CIP-Einheitsaufnahme

Mozzarella : frisch, rund & weiß - Käsegenuss aus Neapel ;
60 Originalrezepte von jungen Meisterköchen / Fotos von Sian Irvine.
Übers. aus dem Engl.: Susanne Bunzel-Harris. -
München ; Wien ; Zürich : BLV, 1999
  Einheitssacht.: Mozzarella <dt.>
  ISBN 3-405-15553-3

BLV Verlagsgesellschaft mbH
München Wien Zürich
80797 München

Diesem Buch liegt die seit 1. August 1998 verbindliche Neuregelung
der deutschen Rechtschreibung zu Grunde.

Titel der englischen Originalausgabe: MOZZARELLA

© 1998 Co. & Bear Produktions Ltd.
erschienen bei SCRIPTUM EDITIONS, London
© Fotos 1998 Sian Irvine

Deutschsprachige Ausgabe:

© 1999 BLV Verlagsgesellschaft mbH, München

Übersetzung aus dem Englischen: Susanne Bunzel-Harris

Einbandfotos: Sian Irvine

Umschlaggestaltung: Thomas Übelacker, Typodrom GmbH, München

Satz & DTP: Daniela Farnhammer

Printed in Italy by Officine Grafiche de Agostini.

ISBN 3-405-15553-3

Frisch, rund & weiß

Käsegenuss aus Neapel

MOZZARELLA

60 Originalrezepte von

jungen Meisterköchen

Fotos von Sian Irvine

Inhalt

Die Kunst
Büffelmozzarella herzustellen

In den eng übereinander geschachtelten Häusern, die die gewundenen Gassen Neapels säumen, und in den Bauernküchen der rauhen Landschaft Kampaniens mit ihrem fruchtbaren Vulkanboden hat Mozzarella seit langem einen festen Platz auf dem Speisezettel. Niemand weiß genau, seit wann der Käse in Süditalien gemacht wird, doch angeblich stellten die Römer bereits im Jahr 60 n. Chr. einen ähnlichen Käse her, indem sie frische Milch mit Lab aus dem Magen von Schafen oder Ziegen gerinnen ließen.

Der Überlieferung zufolge teilten im 3. Jahrhundert die Mönche von San Lorenzo di Capua Brot und »Mozza«-Käse an die Hungrigen aus, die an die Klosterpforte klopften. Im Laufe der Zeit wurde der weiche Mozzakäse, der vermutlich von den Mönchen hergestellt wurde, unter dem Namen »Mozzarella« bekannt. Das Wort leitet sich ab vom italienischen Verb »mozzare«, was soviel wie »abtrennen« bedeutet und auf das Zerkleinern des Käses in handlichere Portionen verweist.

Der Übergang von Mozzarella aus Schafsmilch zu der heute als authentisch betrachteten Version – d. h. Mozzarella aus sahniger Büffelmilch –, erfolgte erst viele Jahrhunderte später, nachdem die Mönche von San Lorenzo mit ihrem Käse berühmt geworden waren.

Indische Wasserbüffel, die in Südostasien in der freien Natur leben, gelangten im 16. Jahrhundert erstmals nach Kampanien und andere Regionen Süditaliens. Im milden, trockenen Klima fanden die Tiere ideale Lebensbedingungen und gaben eine üppige und aromatische Milch, aus der die Käser in der kampanischen Hauptstadt Büffelmozzarella oder, wie man in Italien sagt, »Mozzarella di bufala« machten. Neben der sprichwörtlichen Leidenschaft der Neapolitaner für Spaghetti und neben den köstlichen Eiertomaten, die als die besten in

Büffel gelangten im 16. Jahrhundert von Indien nach Süditalien, und schon bald entdeckte man die Vorzüge der üppigen und aromatischen Büffelmilch für die Käseherstellung.

ganz Italien gelten, wurde auch Büffelmozzarella zum Symbol für Neapel.

Im Lauf der Jahrhunderte sprach sich die Leidenschaft der Neapolitaner für gutes Essen und andere sinnliche Vergnügen herum. Als im 19. Jahrhundert das Herz Italiens in Neapel schlug, wurden neapolitanische Spezialitäten im ganzen Land beliebt. Während man intellektuelle oder künstlerische Interessen in den antiken Stätten Pompei oder Pozzuoli pflegen konnte, stillte man seinen kulinarischen Hunger am besten in Neapel selbst.

Zu jener Zeit konnte man bei einem Bummel durch die schmalen Gassen und über die Märkte ein ganzes Bankett aus schmackhaften Speisen und köstlichen Kleinigkeiten zusammenstellen: Spaghettistände servierten Teller mit dampfenden Nudeln und einer Sauce aus saftigen Eiertomaten; andere Stände boten würziges Gebäck und frische Meeresfrüchte an; der Gelatiere holte Eiscreme aus seiner Truhe; und die allseits berühmten Bäcker falteten knusprig gebackene Fladen mit Öl und Kräutern in handliche Portionen.

Pizza Napoli, wie sie heute in der ganzen Welt heißt, wurde in Holzöfen gebacken und ursprünglich nur mit einem Schuß Olivenöl, ein paar Kräutern und vielleicht noch ein paar gesalzenen Sardellen serviert. Das Gericht hatte bereits mindestens zwei Jahrhunderte lang Generationen von Neapolitanern ernährt, bevor 1899 das italienische Königspaar bei einem Besuch in Neapel Pizza bestellte und damit seine Verbundenheit mit dem Volk kundtat. Die Stadtchroniken berichten, dass der beauftragte Bäcker zu Ehren des Königspaars ein Übriges tun wollte und die Pizza deshalb in den italienischen Nationalfarben garnierte: mit dicken Scheiben weißem Büffelmozzarella, roten Tomaten und grünen Basilikumblättern. Er taufte seine Kreation nach der Königin Margherita, und so heißt diese Pizza bis zum heutigen Tage.

Auch heute wird Mozzarella im Großen und Ganzen noch so hergestellt wie da-

Der beste Büffelmozzarella wird nach wie vor von Hand gemacht. Für ein erstklassiges Endprodukt ist die sorgfältige Überwachung sämtlicher Verarbeitungsschritte notwendig.

mals, als der Käse auf jener ersten Pizza Margherita landete. Wenn der Tag über den sanften Hügeln Kampaniens anbricht, wird die Büffelmilch von den Bauernhöfen der Gegend an die kleinen Käsereien in Neapel und Umgebung geliefert, die daraus täglich frischen Mozzarella machen.

Die Milch trifft unmittelbar nach Tagesanbruch ein und wird in große Aluminiumtanks gegossen, wobei man 4,5 Liter Milch für ein Kilo Käse veranschlagt. Die Milch wird 3–4 Stunden lang auf 35°C erhitzt, dann gibt man ein paar Tropfen konzentrierte Labflüssigkeit hinzu, damit die Milch gerinnt. Dieser Prozeß dauert etwa zwanzig Minuten. Das Gerinnungsmittel, italienisch »caglio« (Lab), wird beim Schlachten aus der Magenflüssigkeit von Schafen extrahiert und genauso wie zur Römerzeit verwendet.

Die geronnene Milch wird in kleinere Stücke zerteilt, wobei überschüssiger, flüssiger Käse abgeschieden wird, um daraus köstliche Büffelricotta zu machen. Der festere Käse bleibt zurück und wird erhitzt, bis er die richtige elastische Konsistenz erhält.

Nach drei Stunden macht der Käser eine Stichprobe. Mit einer Holzpalette schaufelt er einen Käsebrocken heraus und übergießt ihn mit heißem Wasser. Wenn der Käse mühelos über die Palette gleitet, ist er fertig. Wenn nicht, kommt er in den Tank zurück und wird alle fünf Minuten geprüft, bis er die gewünschte Reaktion zeigt.

Nun wird der Käse von Hand zu Kugeln gerollt, was die Käser während ihrer Lehrlingszeit lernen. Danach wird der Käse mehrere Stunden in Salzlake eingelegt. Der Käse ist fertig.

In Italien haben die Fans von Büffelmozzarella ihre Lieblingskäsereien, die ihre ganz besonderen Wünsche erfüllen. Die besten Käsereien sind

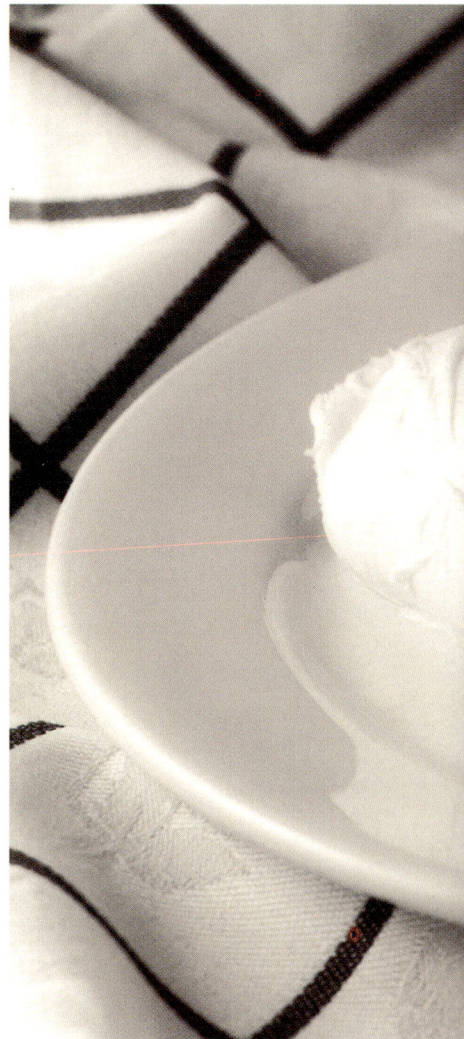

Oben: Zur Gewinnung von
Büffelricotta wird von der
geronnenen Milch die
überschüssige Flüssigkeit
nochmals durchgesiebt.

Oben: Die erfahrenen Hände des neapolitanischen Käsers wissen ganz genau, wann der Mozzarella die beste Konsistenz erreicht hat.

in der Regel klein und richten ihr Hauptaugenmerk auf Frische und Qualität ihrer Produkte. Im Idealfall sind dies Familienbetriebe, die seit mindestens drei Generationen bestehen und das Handwerk von Großvater zu Vater und Sohn weitervererbt haben. Die Käsereien sollten nach Möglichkeit höchstens eine halbe Autostunde von den Bauernhöfen, die die Büffelmilch liefern, entfernt liegen, da die Milch lange Transporte nur schlecht verträgt. Am wichtigsten ist jedoch, dass der Herstellungsprozeß nur mit natürlichen Ingredienzen erfolgt. Einige Großbetriebe behandeln die frische Milch, um die Lebensdauer von Mozzarella von einigen Tagen auf einige Wochen zu erhöhen. Dieser Käse besitzt jedoch eine festere Konsistenz und schmeckt weniger aromatisch.

Natürlich hergestellter Büffelmozzarella hält sich nur vier oder fünf Tage. Die Käsereien müssen daher dafür sorgen, dass ihr Produkt rasch an Groß- und Einzelhändler und Restaurants vertrieben wird. Hier kommt es auch auf den Einsatz der Verkäufer an, denn letzten

Endes entscheidet man sich für die bevorzugte Käserei.

Frisch gerollter Mozzarella ist acht bis zehn Stunden nach der Herstellung am elastischsten und am besten. Man sollte ihn nach Möglichkeit innerhalb der ersten zwei Tage essen, wenn die zarte und zugleich aromatische Büffelmilch heraustropft. Die Käsekugel sollte mit weiß glänzender Büffelmilch überzogen sein und beim Aufschneiden eine Molkespur hinterlassen. Frischer Mozzarella muß nach zarter, frisch vergorener Milch schmecken.

In Italien und anderen Ländern wird Mozzarella auch aus Kuhmilch hergestellt; dieses Produkt kann letztendlich doch nicht mit der üppigen und saftigen Version aus Büffelmilch mit ihrem Geschmack nach Milch und der weichen, saftigen Konsistenz konkurrieren.

Pur oder mit ein paar Tomatenscheiben oder einer Handvoll Oliven bereitet echter Büffelmozzarella wohl einen der köstlichsten Sommergenüsse.

Francesco Moncada di Paternò

Oben: Frischen, handgerollten Büffelmozzarella sollte man binnen ein bis zwei Tagen verzehren, solange er am besten schmeckt.

Insalata

Frische und Saftigkeit

Frische und Saftigkeit zeichnen

guten Büffelmozzarella aus.

Sie sind es denn auch, die den

kugelrunden Käse aus Neapel zu

einer begehrten Zutat in diesen

appetitlichen Salatkreationen

machen: In der klassisch grün-

weiß-roten Kombination des

Principe di Napoli, als aparte

Ergänzung zu Pfifferlingen oder

aber als samtig weicher

Kontrapunkt zur knusprigen

Carta Musica.

Gegrilltes Gemüse mit Mozzarella & gebratenem Knoblauch

Zutaten

4 Personen

50 ml	Weißwein
	Saft von 1 Zitrone
10 EL	Olivenöl
2 Pr.	Thymianblättchen
2 Pr.	Rosmarinnadeln
2	Knoblauchzehen, gehackt
4	runde Babyartischocken
12	Knoblauchzehen, geschält
1	mittelgroße rote Paprikaschote
1	Süßkartoffel
1	große Zucchini
1	mittelgroße Aubergine
200 g	Büffelmozzarella
2 Bd.	Rucola, gewaschen
50 ml	Balsamessig
	Pfeffer aus der Mühle

Zubereitung

1 Wasser in einen kleinen Topf geben. Weißwein, Zitronensaft, einen Spritzer Olivenöl, jeweils die Hälfte des Thymians und Rosmarins und eine gehackte Knoblauchzehe hinzufügen. Zum Kochen bringen und leise köcheln lassen.

2 In der Zwischenzeit die Stiele und die äußeren Blätter der Artischocken entfernen. In den Sud setzen und 6–8 Minuten garen. Den Topf vom Herd nehmen, die Artischocken noch in ihrem Sud ziehen lassen.

3 Die ganzen Knoblauchzehen in Alufolie wickeln und 5–6 Minuten im 180°C heißen Backrohr weich garen.

4 Die rote Paprikaschote grillen, bis sie rundum bräunt. In eine Schüssel legen und mit Haushaltsfolie abdecken. Abkühlen lassen. Die erkaltete Paprikaschote häuten, entkernen und vierteln. Beiseite stellen.

5 Süßkartoffel, Zucchini und Aubergine in 2 cm dicke Scheiben schneiden. Die Artischocken halbieren und zusammen mit dem geschnittenen Gemüse unter dem Backofengrill weich garen. Den gehackten Knoblauch mit dem gegrillten Gemüse, dem restlichen Thymian und Rosmarin mischen. Mit dem Olivenöl übergießen und marinieren lassen.

6 Mozzarella in 12 Scheiben schneiden. Das gegrillte Gemüse mit Mozzarellascheiben und Rucolablättern auf Tellern anrichten.

7 Olivenöl und Balsamessig über und um das Gemüse herum verteilen. Mit den gebratenen Knoblauchzehen garnieren und mit Pfeffer übermahlen.

Würziger Artischockensalat

(Rezept auf der folgenden Seite)

Würziger Artischockensalat

Zutaten

6 Personen

4	runde Artischocken
3	Zitronen
2 EL	Olivenöl
125 ml	Weißwein
1	Lorbeerblatt
1 Bd.	Thymian
9	Knoblauchzehen
	Salz
6	Tomaten, gehäutet
2	Zwiebeln, in dünne Ringe geschnitten
2 TL	gemahlener Kreuzkümmel
1 TL	gemahlener Piment
1 TL	Safranfäden
1	Handvoll Johannisbeeren
1 Bd.	glatte Petersilie
1 Bd.	Koriandergrün
300 g	Büffelmozzarella
6	Scheiben Ciabatta-Brot

Foto vorhergehende Seite …

Zubereitung

1 Die runden Artischocken bis auf Herz und Boden entblättern.

2 Die Artischockenherzen und –böden mit 3 Liter Wasser und dem Saft der 3 Zitronen aufsetzen. Olivenöl und Weißwein, Lorbeerblatt, Thymian, 6 Knoblauchzehen und eine Prise Salz hinzufügen. Etwa 20 Minuten kochen. Die Artischocken sind gar, wenn man sie mühelos mit einem Messer einschneiden kann.

3 Sobald die Artischocken fertig sind, vom Herd nehmen und im Sud erkalten lassen. Den Sud für den Salat aufheben.

4 Den haarigen Teil der Artischocken mit einem Löffel herauskratzen. Die Herzen würfeln. Die Tomaten entkernen, würfeln und beiseite stellen.

5 Etwas Olivenöl in einer weiten Pfanne erhitzen. Die Zwiebelringe bei mittlerer Hitze goldbraun braten. Kreuzkümmel, Piment und die restlichen 3 Knoblauchzehen gehackt hinzufügen. Während die Zwiebeln sanft dünsten, knapp 2 Esslöffel Artischockensud erwärmen und die Safranfäden einige Minuten darin einweichen. Das Safranwasser zu den Zwiebeln gießen.

6 Nun die gewürfelten Artischocken und Johannisbeeren hinzufügen und 3–5 Minuten schmoren. Nach Bedarf mehr Artischockensud hinzufügen.

7 Pfanne vom Herd nehmen. Gehackte Petersilie und Koriander sowie die Tomatenwürfel hinzufügen und abkühlen lassen.

8 In der Zwischenzeit Mozzarella in Scheiben schneiden und die 6 Brotscheiben rösten.

9 Den Artischockensalat auf 6 Teller verteilen und mit ein paar Mozzarellascheiben, etwas Olivenöl und dem gerösteten Brot anrichten. Nach Belieben mit Koriandergrün garnieren.

Zutaten

4 Personen

2	Avocados
4	reife Tomaten
400 g	Büffelmozzarella (vorzugsweise in Zöpfen, treccine)
4 EL	Olivenöl
	Salz & Pfeffer
	frisches Basilikum

Insalata del Principe di Napoli

Zubereitung

1 Avocados halbieren, entsteinen und in Scheiben schneiden.

2 Die Tomaten waschen und dann in Viertel schneiden.

3 Je einen kleinen Mozzarellazopf in die Mitte der Teller legen. Auf der einen Seite die Tomaten, auf der anderen Seite die Avocadoscheiben daneben schichten.

4 Mit Olivenöl beträufeln und mit Salz und Pfeffer würzen. Mit frischen Basilikumblättern garnieren.

Tomaten mit Sauerampfer & Artischockenherzen

Zutaten

4 Personen

4	im Ofen geröstete Tomaten
200 g	Büffelmozzarella, in Scheiben geschnitten
1 Bd.	glatte Petersilie
1 Bd.	Sauerampfer
2	Schalotten, in Scheiben geschnitten
2	eingelegte Artischocken-herzen, halbiert

Dressing

1 Bd.	Sauerampfer, feinstreifig geschnitten
8 EL	Olivenöl
	Salz & Pfeffer

Zubereitung

1 Auf jedem Teller einen engen Kreis aus Tomaten und Mozzarellascheiben anrichten.

2 Die Zutaten für das Dressing vermischen. Petersilie, Schalotten und Sauerampfer mit ein wenig Dressing an-machen.

3 Kräuter, Schalotten und Artischocken über Tomaten und Mozzarella schichten.

4 Das Ganze mit Dressing beträufeln und mit Pfeffer abschmecken.

Tipp:
Das Dressing schmeckt noch feiner, wenn Sie den Sauerampfer pürieren und mit Olivenöl verrühren. Dieses Sauerampferöl nur noch mit Salz und Pfeffer abschmecken.

Zutaten

4 Personen

100 g	roter Eichblattsalat oder Radicchio
1	kleiner Kopf Lollo rosso
1	kleiner Kopf Friséesalat
100 g	Thunfisch, zerpflückt
4	Eiertomaten, in Scheiben geschnitten
200 g	Büffelmozzarella, gewürfelt
½	rote Paprikaschote
½	gelbe Paprikaschote
1	Avocado
	Salz & Pfeffer
2 EL	Weißweinessig
4	Eier
4 EL	Olivenöl
1	Chilischote
1	Knoblauchzehe
½	Baguette, in mundgerechte Croûtons geschnitten

Dressing

2 EL	Balsamessig
1 TL	brauner Zucker
1 Pr.	fein gehackter Ingwer
1	Frühlingszwiebel
4 EL	natives Olivenöl extra

Insalata alla Sophia

Zubereitung

1 Die Blattsalate sorgfältig waschen und trocknen. In eine weite Schüssel geben, Thunfischflocken, Tomaten und Mozzarella hinzufügen.

2 Paprika und Avocado putzen und zerkleinern und in den Salat geben. Salzen und pfeffern, dann beiseite stellen.

3 Einen Liter Wasser zum Kochen bringen. Den Weißweinessig und eine Prise Salz hinzufügen. Die Eier nacheinander in eine Schöpfkelle schlagen und im Essigwasser pochieren. Eier beiseite stellen.

4 Das Olivenöl in einer Pfanne erhitzen. Chilischote und Knoblauch hinzufügen.

Die Brotwürfel hineingeben und goldbraun rösten.

5 Balsamessig mit braunem Zucker, Ingwer und der gehackten Frühlingszwiebel verrühren. Das Olivenöl hinzufügen und gründlich vermischen.

6 Den Salat mit dem Dressing anmachen und auf 4 Teller verteilen. Mit den Croûtons bestreuen. Vor dem Servieren jeweils ein pochiertes Ei auf den Salat betten.

Büffelmozzarella & Pfifferlinge mit Cabernetessig

Zubereitung

1 Eine Pfanne erhitzen. Etwas Olivenöl hineingeben und die gehackte Schalotte darin hellgelb dünsten.

2 Pfifferlinge hinzufügen, salzen und pfeffern und 2–3 Minuten knapp weich dünsten. Die Knoblauchscheiben hinzufügen und 30 Sekunden mitbraten.

3 Die Pilze in eine Schüssel geben. Den Mozzarella hinzufügen.

4 Die Pfanne wieder auf den Herd setzen. Bratfond mit Cabernetessig ablöschen und auf ein Viertel einkochen lassen. Dann über die Pilze träufeln.

5 Den Salat mit gehackter Petersilie bestreuen und auf Teller verteilen.

Zutaten

4 Personen

	Olivenöl
1	große Schalotte
250 g	frische Pfifferlinge
	Salz & Pfeffer
2	Knoblauchzehen, blättrig geschnitten
200 g	Büffelmozzarella, in Scheiben geschnitten
40 ml	Cabernetessig
1 EL	gehackte Petersilie

Geeister Tomatensalat mit Mozzarellahäppchen

Zutaten

4 Personen

12 g	Blattgelatine (ca. 6 Blätter)
300 g	Tomaten, püriert und durch ein Sieb gestrichen
	Salz & Pfeffer
4	grüne Spargelstangen
4	kleine Fenchelknollen
80 ml	natives Olivenöl extra
1 Bd.	Basilikum, fein gehackt
16	Mini-Mozzarella-kugeln (bocconcini)
200 g	frische Tomaten, gewürfelt
	Kerbel zum Garnieren

Zubereitung

1 Blattgelatine in wenig heißem Wasser auflösen und beiseite stellen.

2 Die durchpassierten Tomaten leicht salzen und pfeffern und mit der aufgelösten Gelatine verrühren. Kalt stellen und fest werden lassen.

3 Spargel und Babyfenchel in Salzwasser garen. Abgießen und mit der Hälfte des Öls und des Basilikums überziehen.

4 Das Tomatengelee aus dem Kühlschrank holen und grob zerteilen. Den Boden von 4 kleinen Schälchen mit einer Schicht Geleestückchen auslegen.

5 Fenchel und Spargel zurechtschneiden und mit je 4 Mozzarellahäpp-chen dekorativ in das Gelee setzen. Die gewür-felten Tomaten mit dem restlichen Basilikum und Öl anmachen und dazwischen verteilen. Mit Kerbel garnieren.

Auberginensalat & Carta Musica

Zubereitung

1 Tomaten in dicke Scheiben schneiden. Auf ein mit Backtrennpapier ausgelegtes Backblech legen und salzen. Im 150°C heißen Backrohr trocknen lassen.

2 Aubergine in dünne Scheiben schneiden. Salzen und 20 Minuten ziehen lassen. Abspülen, mit Küchenkrepp trocknen und leicht mit Olivenöl bepinseln. 3–5 Minuten im heißen Ofen weich garen. Nach Wunsch mit Basilikum bestreuen.

3 Auberginenscheiben ohne zusätzliches Öl in eine Pfanne mit Antihaftbeschichtung geben und bei starker Hitze auf beiden Seiten goldbraun braten. Auf einen Teller schichten und mit etwas Olivenöl und einem Teelöffel Balsamessig beträufeln. Knoblauch mit einem Kartoffelschäler raspeln und über die Auberginen geben. Nach Wunsch etwas Basilikum darüber streuen.

4 Mozzarella in Scheiben schneiden. Radicchio und einen Teil Rucola auf Tellern anrichten. Mit Carta Musica abdecken. Mozzarella-, Auberginen- und Tomatenscheiben fächerartig darauf anrichten. Mit Basilikum und etwas Rucola bestreuen und mit Olivenöl und Balsamessig beträufeln.

Zutaten

2 Personen

2	große, reife Strauchtomaten
	Salz
1	kleine Aubergine
2 EL	natives Olivenöl extra
1	Handvoll gehacktes Basilikum
2 TL	Balsamessig
1	Knoblauchzehe
200 g	Büffelmozzarella
1	Radicchio
1 Bd.	Rucola
2	Blätter Carta Musica bzw. hauchdünnes Fladenbrot (mit etwas Wasser besprühen, damit es elastisch wird, und das überschüssige Wasser abschütteln)

Pane

Brot und Mozzarella

Auf der Pizza hat Mozzarella seit Jahrhunderten einen festen Platz. Doch auch andere italienische Fladenbrote wie Focaccia und Crescenta, die klassische Ciabatta aus Süditalien, oder eine elegante französische Brioche ergeben eine ebenso ungewöhnliche wie wohlschmeckende Unterlage für den zarten Käse aus Neapel.

Zutaten

4 Personen

2 TL	Trockenhefe
½ TL	Zucker
300 ml	warmes Wasser
500 g	Mehl
1 TL	Natron (ersatzweise Backpulver)
1	Ei
50 ml	Olivenöl
1 EL	Fenchelsamen
	Meersalz
	schwarzer Pfeffer
20	kleine blaue Trauben

Belag

30 g	Sardellen
2 EL	feine Kapern in Salzlake, abgespült
½ Bd.	glatte Petersilie
200 g	Mini-Mozzarella-kugeln (bocconcini)

Fladenbrot mit Mozzarellahäppchen, Gewürzen & Sardellen

Zubereitung

1 Hefe, Zucker und warmes Wasser verrühren und 4 Minuten ruhen lassen.

2 Mehl und Natron in einer zweiten Schüssel vermischen.

3 Das Ei verquirlen und unter die Hefe rühren, dann langsam mit dem Handrührgerät unter das Mehl mixen.

4 Das Olivenöl hinzufügen und weitere 3 Minuten glatt mixen.

5 Die Teigschüssel mit einem feuchten Küchentuch abdecken und 20 Minuten gehen lassen.

6 Den Teig kurz durchkneten und in Kugeln von ca. 100 g zerteilen. Die Kugeln zu Pizzafladen ausrollen.

7 Fladenbrote mit Olivenöl bepinseln, Fenchelsaat, Salz, Pfeffer und Trauben darüber streuen. 10 Minuten gehen lassen.

8 Im heißen Backrohr 8 Minuten backen.

9 In der Zwischenzeit Sardellen, Kapern und Petersilie grob hacken und vermischen.

10 Die Mozzarellahäppchen in Scheiben schneiden und auf dem heißen, gebackenen Pizzabrot verteilen. Die Petersilienmischung darüber streuen, mit Olivenöl beträufeln und servieren.

Tipp:
Sie können diese Fladenbrote warm oder kalt servieren. Wenn Sie sie aufwärmen wollen, vor dem Anrichten 2 Minuten in den heißen Backofen oder unter den Grill schieben.

Gebratenes Ciabatta-Sandwich mit Büffelmozzarella

Zubereitung

1 Schinkenscheiben so auf 4 Brotscheiben legen, dass sie über den Rand hinaushängen.

2 Mozzarella in 12 gleichmäßige Scheiben schneiden und je 3 auf den Schinkenscheiben anrichten.

3 Den überhängenden Schinken über die Mozzarellascheiben klappen. Mit einer Brotscheibe belegen und leicht festdrücken.

4 Etwas Olivenöl in einer schweren Pfanne erhitzen. Sobald das Öl heiß ist, die Sandwiches in die Eier tauchen und in die Pfanne setzen. Auf beiden Seiten gleichmäßig braten, bis das Brot goldbraun aussieht und der Käse leicht schmilzt.

5 Heiß mit einem einfachen Salat servieren.

Zutaten

4 Personen

4	dünne Scheiben Parmaschinken
8	Scheiben Ciabatta-Brot
200 g	Büffelmozzarella
2 EL	Olivenöl
4	Eier, mit Salz und Pfeffer verquirlt

Toskanische Focaccia mit Mozzarella, gebratenem Paprika & Basilikumsauce

Zutaten

4 Personen

Focaccia

620 g	Mehl
21 g	frische Hefe
250 ml	lauwarmes Wasser
1 EL	Milch
4 EL	Olivenöl
1 EL	Salz

Basilikumsauce

2	Frühlingszwiebeln
1 EL	Butter
50 g	Kartoffeln
1 Bd.	Basilikum
250 ml	Gemüsebrühe
1 Pr.	Salz

Belag

	Olivenöl
1 Bd.	Rosmarin
2	rote Paprikaschoten
	Salz & Pfeffer
300 g	Büffelmozzarella, in 12 Scheiben geschnitten
	gemischte Blattsalate

Zubereitung

1 Das Mehl auf eine Arbeitsfläche häufen. Die Hefe in lauwarmem Wasser auflösen, dann Milch, Olivenöl und Salz einrühren. Diese Mischung in eine Vertiefung gießen und mit dem Mehl langsam zu einem Teig verarbeiten. Zu einer glatten Kugel rollen, mit einem Küchentuch abdecken und eine Stunde gehen lassen.

2 Den Teig 5 mm dünn ausrollen und in 4 Kreise teilen. Die Teigkreise auf ein gefettetes Blech legen. Mit Wasser besprengen, mit Olivenöl bepinseln und mit etwas Rosmarin und Salz bestreuen. 8–10 Minuten im 220°C heißen Ofen backen, dann erkalten lassen.

3 In der Zwischenzeit die Frühlingszwiebeln hacken und in einem Esslöffel Butter goldgelb braten. Die in dünne Scheiben geschnittenen Kartoffeln, die Hälfte des Basilikums, die Brühe und eine Prise Salz hinzufügen. 15 Minuten kochen.

4 Diese Mischung zusammen mit dem restlichen Basilikum im Mixer pürieren.

5 Die Paprikaschoten mit einem Kartoffelschäler häuten, entkernen und in Scheiben schneiden. Salzen und pfeffern und auf ein Backblech setzen. Im 220°C heißen Backrohr karamellisieren lassen.

6 Die Fladenbrote halbieren und mit je 3 Mozzarellascheiben, 2 Löffeln heißer Basilikumsauce und einigen Paprikascheiben füllen. Mit den Blattsalaten anrichten.

Tipp:
Zum Garnieren eignen sich Radicchio, Rucola und Brunnenkresse

Brioche mit Paprika, Auberginen & Mozzarella

Zutaten

4–5 Personen

500 g	Auberginen
	Salz & Pfeffer
100 ml	Olivenöl
500 g	rote Paprikaschoten
400 g	Büffelmozzarella, in Scheiben geschnitten
1	Ei
150 g	gemischte Blattsalate
150 ml	Salatdressing

Zubereitung

1 Auberginen in 5 mm dünne Scheiben schneiden. Salzen, mit Olivenöl bepinseln und kurz grillen.

2 Die Paprikaschoten mit Olivenöl bepinseln, im vorgeheizten Backrohr (200°C) etwa 20 Minuten braten, abkühlen lassen, häuten und entkernen.

3 Den Briocheteig vorbereiten und auf 20 x 10 cm ausrollen. Die gegrillten Auberginen in die Mitte legen, so dass ein etwa 7 cm breiter Rand frei bleibt.

4 Die gehäuteten Paprikaschoten auf die Auberginen legen, salzen und pfeffern.

5 Die Mozzarellascheiben in die Mitte legen, jedoch nicht zu stark ausbreiten, damit sie von Auberginen und Paprika umrandet werden.

6 Den Teig nun wie einen Strudel aufrollen.

7 Mit dem verquirlten Ei bestreichen und 20–25 Minuten im Ofen backen.

8 Zum Servieren den Briochestrudel in Scheiben schneiden und mit Blattsalaten anrichten.

Brioche

500 g Briocheteig
(nach dem Rezept auf Seite 154)

Crescenta mit Mozzarella, gebratenem Paprika & Anchoiade

Crescenta

1 Mehl, Salz, Natron und Milch zu einem Teig verarbeiten, aber nicht zu stark kneten.

2 Den Teig in ein Tuch schlagen und eine Stunde ruhen lassen.

3 Etwa golfballgroße Teigportionen abtrennen und zu sehr dünnen Scheiben mit 18 cm Durchmesser ausrollen.

4 Diese Teigscheiben nacheinander in reichlich Olivenöl ausbacken. Dabei die Pfanne kräftig schütteln, damit sich die Crescenta aufplustern kann und knusprig und goldbraun wird.

5 Auf Küchenkrepp abtropfen lassen, mit Meersalz bestreuen und bis zum Servieren warm halten.

Anchoiade

1 Etwas Olivenöl in einer kleinen Pfanne erhitzen. Schalotten und Knoblauch hineingeben und weich dünsten.

2 Sardellenfilets, Weißwein und Basilikumblätter einrühren und aufkochen lassen.

3 Die Sardellenmischung mit Mayonnaise, warmem Wasser und dem restlichen Olivenöl glatt mixen.

4 Durch ein Haarsieb streichen und abschmecken.

Zutaten

4–6 Personen

Crescenta

200 g	Weizenmehl Type 0 (Italienischer Feinkostladen)
1 Pr.	Salz
1 Pr.	Natron (ersatzweise Backpulver)
100 ml	Milch
	Olivenöl zum Ausbacken

Anchoiade

30 ml	natives Olivenöl extra
50 g	Schalotten, fein gehackt
4	Knoblauchzehen, fein gehackt
½	Dose Sardellenfilets in Öl
1	großes Glas Weißwein
75 g	Basilikumblätter
1 EL	Mayonnaise
1 EL	warmes Wasser

Fortsetzung nächste Seite …

... Fortsetzung der vorhergehenden Seite

Zutaten

4–6 Personen

Belag

100 ml	natives Olivenöl extra
2	große rote Paprikaschoten
350 g	Rucola
75 g	Schalottenringe
400 g	Büffelmozzarella
12	eingelegte Sardellenfilets
	Meersalz

Belag

1 Etwas Olivenöl auf ein heißes Backblech träufeln lassen.

2 Sobald das Öl rauchend heiß ist, Paprika darauf legen und 2 Minuten braten, bis die Schoten rundum Blasen werfen. Von allen Seiten gut salzen.

3 Aus dem Rohr nehmen, in eine Schüssel legen und mit Klarsichtfolie abdecken.

4 Die erkalteten Paprikaschoten sorgfältig häuten.

5 In 12 breite Streifen schneiden und in einer heißen, nahezu trockenen Pfanne rösten.

Anrichten

1 Rucolablätter und Schalotten vermischen und mit etwas Öl überziehen.

2 Mozzarella in dicke Scheiben schneiden.

3 Mozzarella auf den Teig setzen und mit Sardellenfilets und Paprikastreifen umgeben.

4 Mit Rucolablättern und etwas Meersalz bestreuen.

5 Die Anchoiade um und über die Crescenta träufeln. Mit einigen Tropfen Olivenöl abschließen.

Schalotten-Tomaten-Focaccia mit Mozzarellahäppchen

Zubereitung

1 Die Tomaten am Vortag halbieren und mit der Schnittfläche nach oben auf ein Backblech setzen. Mit Olivenöl beträufeln, salzen und pfeffern. Ins Backrohr schieben und über Nacht auf kleinster Stufe trocknen lassen.

2 Mehl, eine Prise Salz, das Olivenöl und die Hefe in eine Schüssel geben. Ein wenig lauwarmes Wasser hinzufügen und zu einem weichen und glatten Focacciateig verarbeiten. Teig in eine Schüssel legen, abdecken und eine Stunde an einem warmen Ort gehen lassen.

3 Backrohr auf 200°C vorheizen. Die Schalotten mit etwas Olivenöl und dem Rosmarin in einem kleinen Topf erhitzen, dann in rund 15 Minuten im heißen Rohr weich braten. Im Öl erkalten lassen. Ein Backblech mit ein wenig Öl einpinseln.

4 Den Teig vierteln. Jede Portion zu einer Kugel rollen und nach Bedarf mit etwas Mehl bestäuben. Zu etwa 1,5 cm dicken Fladen formen und auf das Backblech legen.

5 Die Schalotten in einem hübschen Muster in den Teig pressen und mit etwas Schalottenöl benetzen. 10 Minuten backen.

Die getrockneten Tomaten darauf verteilen und erneut etwa 4–5 Minuten goldbraun backen.

6 Die Mozzarellakügelchen auf der Focaccia verteilen, mit Thymianblättchen bestreuen und 2–3 Minuten weiterbacken, bis der Käse zu schmelzen beginnt.

7 Noch warm mit einem frischen bunten Blattsalat servieren.

Zutaten

6 Personen

500 g	Cocktailtomaten
	Olivenöl
	grobkörniges Salz
	schwarzer Pfeffer aus der Mühle
12–18	Schalotten, geschält
1 TL	frisch gehackter Rosmarin
18	Mini-Mozzarellakugeln (bocconcini)
1 TL	frisch gehackter Thymian

Focaccia

200 g	Mehl
	Salz
4 EL	Olivenöl
21 g	frische Hefe
	lauwarmes Wasser

Foto nächste Seite …

*Schalotten-Tomaten-Focaccia
mit Mozzarellahäppchen*

(Rezept auf der vorhergehenden Seite)

Auberginenstrudel mit gebratenem Paprika

Zutaten

8–10 Personen

500 g	Auberginen
	Olivenöl
	Salz & Pfeffer
500 g	rote Paprika-schoten, gehäutet
1 kg	Briocheteig (nach dem Rezept auf Seite 154)
1 Rolle	Büffelmozzarella (à 1 kg)
2 Bd.	grünes Basilikum
1	Ei
4 TL	frischer Basilikumpesto

Zubereitung

1 Die Auberginen längs in ca. 2 cm dicke Scheiben schneiden. Mit Olivenöl, Salz und Pfeffer einreiben. Auf ein Backblech legen und im Backrohr bräunen.

2 Paprika mit Olivenöl und Salz einreiben und wie die Auberginen rösten. Erkalten lassen.

3 Den Briocheteig auf 40 x 30 cm und 1,5 cm Stärke ausrollen und in den Kühlschrank legen.

4 Die abgetropfte Mozzarellarolle auf einer Lage Klarsichtfolie ausbreiten, salzen und pfeffern. Mit den Auberginenscheiben belegen.

5 Basilikumblätter verlesen und über die Auberginen streuen. Salzen und pfeffern. Die gebratenen Paprikascheiben auf das Basilikum legen.

6 Den bereits gezogenen Gemüsesaft mit Küchenkrepp sorgfältig abtupfen.

7 Die Mozzarellaroulade mit Hilfe der Klarsichtfolie möglichst eng wie einen Strudel aufrollen. Die Folie an einigen Stellen einstechen, dann den Strudel in den Kühlschrank legen. Eine Stunde durchkühlen und Flüssigkeit ziehen lassen.

8 Den Briocheteig aus dem Kühlschrank nehmen, den Mozzarellastrudel aus der Folie wickeln und mit dem Briocheteig aufrollen. Die Enden gut verschließen.

9 Das Ei mit etwas Wasser verquirlen und den Strudel damit bestreichen. Auf ein Backblech setzen. Eine Stunde bei Zimmertemperatur gehen lassen, dann 25 Minuten im 170°C heißen Ofen backen.

10 Aus dem Backofen holen und vor dem Servieren 5 Minuten ruhen lassen. Jeweils eine dicke Scheibe abschneiden und mit gebratenen Auberginen und einem Klecks Pesto anrichten.

Tipp:
Diesen Strudel können Sie auch kalt servieren oder auf ein Picknick mitnehmen.

Focaccia mit Büffelmozzarella & Rosmarin

Zubereitung

1 Die Focaccia nach dem untenstehenden Rezept zubereiten.

2 Mozzarella durch den Fleischwolf drehen oder von Hand fein zerkrümeln. Elektro- oder Holzkohlengrill anheizen.

3 Die Teigscheiben nacheinander auf den heißen Rost legen und pro Seite etwa 2 Minuten grillen, bis sie bräunen und Blasen werfen.

4 Auf ein Backbrett legen und noch heiß mit dem zerkrümelten Käse bestreuen. Leicht salzen und pfeffern und etwas Rosmarin und Olivenöl darüber geben.

Focaccia

1 Wasser, Hefe, Zucker, Salz und die Hälfte des Mehls mit dem Knethaken des Handrührgeräts 10 Minuten zu einer schaumig-weichen Masse verarbeiten.

2 Nach und nach das restliche Mehl und das Olivenöl hinzufügen.

3 Einige Minuten weiterkneten, bis der Teig sich um den Knethaken wickelt.

4 Eine Teigschüssel großzügig einölen. Den Teig mit bemehlten Händen aus der Rührschüssel heben und in die geölte Schüssel setzen. Den Teig darin herumrollen lassen und dabei leicht bemehlen, bis das Öl aufgesogen ist. Dann den Teig oben leicht einölen, aus der Schüssel stürzen und in Haushaltsfolie schlagen.

5 Den Teig auf das doppelte Volumen aufgehen lassen. Die Folie entfernen und den Teig rasch durchkneten. Danach 10–15 Minuten ruhen lassen.

6 Den Teig in Kugeln teilen und diese mit den Fingerspitzen zu sehr dünnen Scheiben von etwa 30 cm Durchmesser formen.

Zutaten

4–6 Personen

200 g	Büffelmozzarella
	Salz & schwarzer Pfeffer
	frischer Rosmarin
	Olivenöl

Focaccia

1 l	warmes Wasser
25 g	frische Hefe
2 TL	Zucker
1,5 kg	Mehl
3 EL	Olivenöl

Polentasandwich mit Mozzarella & Parmaschinken

Zutaten

10–12 Personen

1,5 l	Wasser
700 ml	Milch
1 EL	Salz
500 g	Polentamehl
150 g	Butter
150 g	Parmesan, gerieben
1 TL	weißer Pfeffer
1 EL	Dijonsenf
700 g	Büffelmozzarella, in Scheiben geschnitten
200 g	Parmaschinken
	Mehl zum Wenden
2	Eier
200 g	Semmelbrösel (Paniermehl)
	Öl zum Ausbacken
	Petersilie und Parmesan zum Garnieren

Zubereitung

1 Wasser, Milch und Salz zum Kochen bringen. Das Polentamehl langsam mit einem Schneebesen einrühren und unter ständigem Rühren aufkochen lassen.

2 Die Hitze zurückschalten und die Polenta etwa 30 Minuten leise köcheln lassen. Ab und zu umrühren, damit sich keine Klümpchen bilden.

3 Nach etwa einer halben Stunde sollte sich die Polenta von den Topfwänden lösen. Vom Herd nehmen, Butter, Parmesan und Pfeffer einarbeiten und gut vermischen.

4 Eine dünne Schicht Polenta gleichmäßig auf einem leicht geölten Backblech verstreichen. Erkalten lassen. Die restliche Polenta warm halten.

5 Die erkaltete Polenta mit Senf bestreichen und mit Mozzarella belegen. Den Parmaschinken in dünne Scheiben schneiden und über den Käse breiten.

6 Die restliche, warme Polenta darüber gießen und gleichmäßig über der ganzen Füllung verstreichen. Mindestens eine Stunde abkühlen lassen.

7 Die erkaltete Polenta vom Blech stürzen und fein säuberlich in kleine Dreiecke schneiden.

8 Die Polentahäppchen in Mehl wenden, in verquirltes Ei tauchen und schließlich mit Semmelbröseln überziehen. In heißem Öl knusprig und goldbraun ausbacken.

9 Mit einem Petersiliensalat und einem Hauch Parmesan servieren.

Pasta

Pasta-Kreationen

Es muss nicht immer Parmesan sein. Viele Pasta-Kreationen erhalten durch Mozzarella eine frische und bekömmliche Note.

Der neapolitanische Leckerbissen macht sich hervorragend in den sommerlich leichten Spaghetti alla Sorrento, als Füllung in den Ravioli oder in den schmackhaften Penne dei Principi di Paternò.

Frische Linguine mit Spargel, getrockneten Tomaten & geräuchertem Mozzarella

Zutaten

4 Personen

Pasta

100 g	Mehl
100 g	Hartweizenmehl
1 Pr.	Salz
1	Ei
4 EL	Wasser

Sauce

160 g	frischer grüner Spargel
40 g	Butter
2 EL	Olivenöl
8	getrocknete Tomaten
1	kleine Tasse Gemüsebrühe
	Salz & Pfeffer
3–4 EL	geriebener Parmesan
150 g	geräucherter Büffelmozzarella, fein gewürfelt

Zubereitung

1 Für den Nudelteig die beiden Mehlsorten und das Salz in eine Backschüssel geben. Ei und Wasser verrühren und mit der Mehlmischung zu einem elastischen Teig verarbeiten. 2 Stunden ruhen lassen. Teig vierteln und jede Portion dünn ausrollen. In schmale Streifen schneiden und mit Mehl überstäuben, damit sie nicht verkleben.

2 Für die Sauce den Spargel klein schneiden und 2 Minuten blanchieren. Die Hälfte der Butter zusammen mit der Hälfte des Olivenöls erhitzen. Spargel und getrocknete Tomaten hinzufügen und leicht andünsten. Die Brühe angießen und das Ganze 5 Minuten köcheln lassen. Salzen und pfeffern.

3 Die Nudeln 3–4 Minuten in sprudelndem Salzwasser garen. Dabei ab und zu umrühren. Linguine abgießen und wieder in den Topf zurückschütten. Das Spargelgemüse sowie die restliche Butter, das Olivenöl und den Parmesan hinzufügen. Alles vorsichtig vermischen, bis die Sauce eine glatte und cremige Konsistenz erhält. Auf 4 kleine vorgewärmte Teller verteilen und mit Mozzarellawürfeln bestreuen.

Spaghetti alla Sorrento

Zutaten

4 Personen

250 g	Spaghetti
400 g	Cocktailtomaten
200 g	Büffelmozzarella
3 EL	natives Olivenöl extra
	grobkörniges Salz
	schwarzer Pfeffer
¹/₂ Bd.	Basilikum

Zubereitung

1 Die Spaghetti in einem großen Topf Salzwasser garen.

2 In der Zwischenzeit Tomaten vierteln und Mozzarella würfeln und zusammen mit dem Olivenöl in eine Schüssel geben. Salzen und pfeffern. Die Basilikumblätter zerzupfen und unterheben.

3 Sobald die Spaghetti al dente sind, abgießen und zu den anderen Zutaten in die Schüssel geben. Gut durchmischen und servieren.

Tipp:
Dieses Gericht ist so einfach, dass es nach absolut hochwertigen Zutaten verlangt. Da diese Sauce nicht gekocht wird, wirkt das Gericht eher temperiert denn heiß und ist daher als leichte Sommermahlzeit gedacht.

Zutaten

pro Person

7	Auberginenscheiben
	Salz & Pfeffer
1	Ei
50 g	Semmelbrösel (Paniermehl)
250 ml	Öl zum Ausbacken
50 g	Orecchiette
50 g	frische Tomatensauce (nach dem Rezept auf Seite 155)
5	Basilikumblätter
25 g	Büffelmozzarella (1 Scheibe abschneiden, den Rest würfeln)
1 EL	geriebener Parmesan
1	kleine Backform

Timballo aus Auberginen & Orecchiette mit Mozzarella

Zubereitung

1 Auberginenscheiben auf einem Küchentuch ausbreiten, mit Salz bestreuen und etwa 10 Minuten Saft ziehen lassen. Sorgfältig trockentupfen.

2 Die Scheiben in das verquirlte Ei tauchen und anschließend in Semmelbröseln wenden. In Öl ausbacken und auf Küchenkrepp abtropfen lassen. Backform mit Alufolie ausschlagen und eine Lage Auberginenscheiben einschichten.

3 Die Orecchiette al dente kochen. Inzwischen die Tomatensauce erwärmen und ein paar Basilikumblätter einrühren. Die Orecchiette abgießen und in der Tomatensauce schwenken. Mozzarellawürfel (die Scheibe zum Garnieren jeweils aufheben) und geriebenen Parmesan hinzufügen.

4 Die Orecchiette in die Backform füllen, die Enden der Auberginenscheiben darüberschlagen und das Ganze im 180°C heißen Ofen 5 Minuten backen, bis der Käse schmilzt.

5 Timballo auf einen Teller stürzen, mit einem Klecks Tomatensauce, einem Basilikumblatt und der Mozzarellascheibe garnieren.

Ravioli alla Mozzarella

Zubereitung

1 Artischocken im voraus putzen.

2 Etwas Olivenöl in einem Topf mit schwerem Boden erhitzen. Knoblauch und Thymian darin andünsten, dann Artischocken und Weißwein hinzufügen.

3 Zugedeckt köcheln lassen, bis der Wein eingekocht ist, dann die Gemüsebrühe hinzugießen und abgedeckt fertig garen. Abkühlen lassen.

4 Artischocken aus dem Topf heben und fein würfeln. Mozzarella ebenfalls in sehr feine Würfel schneiden. Beides in eine Schüssel geben und mit Basilikum, Salz und Pfeffer vermischen.

5 Aus dem Nudelteig 40 Quadrate mit 4 cm Kantenlänge ausschneiden.

Auf 20 Quadrate gleichmäßige Portionen der Artischocken-Mozzarella-Füllung setzen, dann mit den restlichen 20 Teigquadraten abdecken und an den Rändern gut festdrücken, so dass kleine Täschchen entstehen.

6 Die Ravioli in einem großen Topf sprudelndem Salzwasser garen.

7 Inzwischen die Tomaten würfeln und in etwas Olivenöl dünsten. Die Butter in einem zweiten Töpfchen zerlassen.

8 Die Ravioli aus dem Kochwasser heben und abtropfen lassen. Je 5 Ravioli auf einen Teller drapieren und mit einem Klecks Tomaten anrichten. Vor dem Servieren mit Pinienkernen und Parmesan bestreuen und mit der zerlassenen Butter beträufeln.

Zutaten

4 Personen

4	Artischocken
2 EL	natives Olivenöl extra
2	Knoblauchzehen
1	Thymianzweig
100 ml	Weißwein
100 ml	Gemüsebrühe
300 g	Büffelmozzarella
3	Basilikumblätter, fein gehackt
	Salz & Pfeffer
200 g	Nudelteig, dünn ausgerollt
4	Tomaten
60 g	Butter
2 EL	Pinienkerne, leicht geröstet
20 g	Parmesan, gerieben

Rigatoni mit Büffelmozzarella & Pecorino

Zutaten

4 Personen

2	Knoblauchzehen
4 EL	natives Olivenöl extra
1 Bd.	frischer Majoran
2 Do.	geschälte Eiertomaten
500 g	Rigatoni
250 g	Büffelmozzarella, fein gewürfelt
100 g	Pecorino (ersatzweise Parmigiano reggiano)

Zubereitung

1 Den Knoblauch in sehr dünne Scheiben schneiden und in Olivenöl sanft goldgelb dünsten.

2 Majoranblättchen hinzufügen und einige Sekunden mitdünsten lassen. Die Hitzezufuhr drosseln und die Tomaten hinzufügen. Etwa 40 Minuten auf kleiner Flamme zu einer dicklichen Sauce einköcheln.

3 Zwei Liter Salzwasser in einem großen Topf zum Kochen bringen. Die Rigatoni hineingeben und al dente garen. Die Nudeln abgießen und mit der Tomatensauce überziehen. Mozzarella und Pecorino unterheben, abschmecken und zu Tisch bringen.

Gebackener Büffelmozzarella auf Mürbeteig

Zubereitung

1 Alle Zutaten in gekühltem Zustand schnell zu einem Teig verarbeiten. Den Teig in Klarsichtfolie schlagen und ca. 45 Minuten kühl stellen. Sie können den Teig bis zu 24 Stunden im voraus zubereiten.

2 Den Teig auf einer glatten Arbeitsfläche auf 20 x 40 cm ausrollen. Das Teigblatt wieder in den Kühlschrank legen. Nach 30 Minuten herausnehmen und in 6 gleich große Quadrate schneiden. Auf ein Blech legen und etwa 15 Minuten bei 180°C goldbraun backen. Erkalten lassen.

3 Backherd auf 240°C vorheizen. Mozzarella in insgesamt 24 Scheiben schneiden und auf die Teigquadrate legen. Die Kartoffeln in hauchdünne Scheiben hobeln (nach Möglichkeit mit einem feinen Gemüsehobel oder mit der Küchenmaschine, ansonsten von Hand in möglichst dünne Scheiben schneiden und blanchieren).

4 Kartoffeln über den Mozzarellascheiben verteilen. Mit Knoblauch, Thymianblättchen, geriebenem Parmesan und einer großzügigen Portion schwarzem Pfeffer abschließen. Im heißen Ofen 8–10 Minuten backen, bis der Mozzarella zu schmelzen beginnt und der Parmesan leicht bräunt.

5 Nach Wunsch mit feinen Trüffelraspeln servieren oder mit hochwertigem Trüffelöl beträufeln.

Tipp:
Frische weiße Trüffeln gibt es von Mitte Oktober bis Ende Dezember. Man bekommt sie jedoch nur selten, außerdem sind sie sehr teuer, so dass Sie sie vermutlich nur als ganz besondere Delikatesse servieren möchten. Trüffelöl ist ein guter Ersatz.

Zutaten

6 Personen

Mürbeteig

125 g	Butter
200 g	Mehl
4 EL	Eiswasser
1 Pr.	Salz

Belag

750 g	Büffelmozzarella
4	festkochende Kartoffeln, geschält
2	Knoblauchzehen, in feine Scheiben geschnitten
4	Thymianzweige
100 g	Parmesan, gerieben
	schwarzer Pfeffer
60 g	weiße Trüffeln (nach Wunsch)

Le Penne dei Principi di Paternó

Zutaten

4 Personen

6 EL	Olivenöl
1	Zwiebel, gehackt
1	Knoblauchzehe, gehackt
250 g	Tomaten, gehäutet
2	ganze Knoblauchzehen
1 TL	Tomatenmark (nach Wunsch)
2 EL	grobkörniges Salz
	schwarzer Pfeffer
500 g	Penne
200 g	Büffelmozzarella
100 g	schwarze Oliven
	einige Basilikumblätter

Zubereitung

1 Drei Esslöffel Olivenöl in einer Pfanne erhitzen und die gehackte Zwiebel sowie den gehackten Knoblauch darin goldgelb dünsten.

2 Die gehäuteten Tomaten, Salz und Pfeffer hinzufügen. Die beiden Knoblauchzehen hineingeben. Etwa 20 Minuten köcheln lassen, bis der gezogene Saft verkocht ist, dann die beiden Knoblauchzehen entfernen. Nach Wunsch einen Teelöffel Tomatenmark einrühren, damit die Sauce kräftiger schmeckt.

3 Einen Topf Wasser zum Kochen bringen und das grobe Salz einstreuen.

4 Die Penne hineinwerfen und al dente garen. Während die Nudeln kochen, Mozzarella fein würfeln.

5 Die Penne abgießen und in eine Servierschüssel füllen. Sorgfältig mit der Tomatensauce, Oliven und Mozzarella vermischen. Mit dem restlichen Olivenöl übergießen, je nach Geschmack etwas weniger oder mehr verwenden.

6 Sofort auf Teller verteilen und mit ein paar frischen Basilikumblättern garnieren.

Tipp:
Geben Sie die Mozzarellawürfel unbedingt erst am Schluss dazu, wenn die Nudeln bereits ein wenig abgekühlt sind, denn sonst schmilzt der Käse zu stark und zieht Fäden.

Legumi

südländische Aromen

Die typisch südländischen Aromen von Tomaten und Auberginen und die mediterrane Würzigkeit von frischen Kräutern gehen seit jeher eine geglückte Kombination mit frischem Mozzarella ein. Die Rezepte in diesem Kapitel zeigen berühmte Klassiker in zeitgemäßen Interpretationen – seien es nun gegrillte Auberginen mit Basilikum und Mozzarella, gebackene Zucchiniblüten oder der Mozzarellakuchen mit Tomaten und Pesto.

Roulade aus gegrilltem Gemüse & Büffelmozzarella

Zubereitung

1 Paprika 10 Minuten im heißen Ofen rösten, bis sie Blasen werfen. Aus dem Ofen nehmen und abkühlen lassen. Paprika häuten, halbieren und entkernen. Dann auf beiden Seiten 2 Minuten grillen.

2 Auberginen und Zucchini auf einem Gemüsehobel in hauchdünne Scheiben schneiden. Die Scheiben salzen und pfeffern, mit Öl bepinseln und 2 Minuten auf beiden Seiten grillen. Abkühlen lassen.

3 Eine Schicht Klarsichtfolie auf einer glatten Arbeitsfläche ausbreiten. Die Auberginen quer darauflegen und mit ein wenig Pesto bestreichen.

4 Eine Lage Zucchini darüber schichten.

5 Mit Hilfe der Folie das Gemüse nun zu einer engen Roulade aufrollen. Die beiden Enden fest verschließen und das Ganze 30 Minuten kühl stellen.

6 Die Folie entfernen und die Roulade in 12 gleichmäßige Scheiben schneiden. Auf 4 Teller verteilen und jede Portion mit 3 Scheiben Mozzarella garnieren. Mit ein wenig gemahlenem Pfeffer und nach Wunsch mit Gazpacho servieren.

Zutaten

4 Personen

3	rote Paprikaschoten
3	Auberginen
6	Zucchini
	Salz & Pfeffer
	Öl zum Bepinseln
100 g	Pesto
200 g	Büffelmozzarella
400 g	Gazpacho (nach Wunsch)

Zutaten

4 Personen

50 g	Sultaninen
12	grüne Spargelstangen
1	Knoblauchzehe
2 EL	Olivenöl
1	Frühlingsziebel
50 g	Pinienkerne
	Salz & Pfeffer
400 g	Büffelmozzarella
	Basilikumblätter (nach Wunsch)

Vinaigrette

2	rote Paprikaschoten
2	Schalotten
1	Knoblauchzehe
4 EL	Olivenöl
	Salz & Pfeffer
1 TL	französischer Senf
1 TL	Tomatenmark
1 TL	Balsamessig

Mozzarella-Spargel-Salat mit Paprikavinaigrette

Zubereitung

1 Sultaninen 15 Minuten in Wasser einweichen. In der Zwischenzeit den Spargel 2–3 Minuten in Salzwasser blanchieren und danach in kaltem Wasser abschrecken. Der Länge nach halbieren und anschließend schräg in 2 cm lange Stücke schneiden.

2 Die ungeschälte Knoblauchzehe sanft in Öl braten. Die grob gehackte Frühlingszwiebel hinzufügen und 2 Minuten mitbraten.

3 Den Knoblauch entfernen. Pinienkerne hineingeben und leicht rösten. Die Sultaninen abgießen und mit Küchenkrepp trockentupfen. Zu Frühlingszwiebel und Pinienkernen geben.

4 Spargel, Salz und Pfeffer aus der Mühle hinzufügen. Alles 2 Minuten garen, vom Herd nehmen und abkühlen lassen.

5 Die Paprikaschoten für die Vinaigrette etwa 15–20 Minuten auf dem heißen Grill rösten. In eine Schüssel legen, mit Klarsichtfolie abdecken und einige Minuten ziehen lassen, damit sich die Haut leichter löst.

6 Paprika häuten und entkernen. Das Fruchtfleisch grob hacken und beiseite stellen. Schalotten und Knoblauch 2–3 Minuten in zwei Esslöffeln Olivenöl dünsten.

7 Knoblauch entfernen, Paprika sowie Salz und Pfeffer, Senf und Tomatenmark hinzufügen. 5 Minuten sanft köcheln lassen, dabei 3 Esslöffel Wasser hinzufügen.

8 Die Zutaten pürieren und durch ein feines Sieb streichen. Dabei vorsichtig mit einer Gabel verrühren und die letzten beiden Esslöffel Olivenöl sowie den Balsamessig hinzufügen. Mozzarella in 24 Scheiben schneiden. Einen Kranz aus sich überlappenden Mozzarellascheiben auf jedem Teller anordnen. Den Spargelsalat in die Kranzmitte häufen.

9 Mit den Basilikumblättern nach Belieben garnieren und mit der Paprikavinaigrette beträufeln.

Gebratene Tomaten mit Caponata & Mozzarella

Caponata

1 Auberginen salzen und 15 Minuten ziehen lassen.

2 Etwas Olivenöl in einem großen Topf erhitzen. Zwiebeln und Sellerie mit Blattgrün darin ca. 10 Minuten weich dünsten.

3 Knoblauch und Auberginen hinzufügen und 30 Minuten sanft schmoren. Salzen, pfeffern, Tomatenpüree einrühren und sanft weiterköcheln lassen.

4 Rotweinessig und Zucker in einen zweiten Topf geben und zum Kochen bringen. Die Mischung sollte angenehm süß-sauer schmecken, Sie können nach Belieben noch etwas mehr Zucker oder Essig hinzufügen.

5 Den Essigsirup unter das Auberginengemüse rühren. Eine weitere Stunde kochen lassen, bis das Gemüse wie ein Kompott wirkt.

6 Oliven, Kapern und Basilikum hinzufügen. Ein paar Kapern zum Garnieren zurückbehalten. Abschmecken und erkalten lassen.

Zubereitung

1 Knoblauch mit etwas Salz und Zitronensaft zerstoßen.

2 Fast das ganze Olivenöl hinzufügen und den Essig unterrühren.

3 Salzen und pfeffern sowie die Hälfte des Basilikums gehackt unterheben. Diese Marinade nun beiseite stellen.

4 Etwas Olivenöl in eine sehr heiße Pfanne gießen und rauchend heiß werden lassen.

5 Nach und nach jeweils 2–3 Tomaten in die Pfanne setzen und rundum braten.

6 Heiß salzen und pfeffern und in die Essigmarinade legen. Ca. eine Stunde lang ziehen lassen.

7 Einen großzügigen Klecks zimmerwarme Caponata in die Mitte der Teller geben und gleichmäßig ausbreiten.

8 Je 2 gebratene Tomatenhälften auf die Caponata setzen. Ein paar dicke Scheiben Büffelmozzarella daneben anrichten. Mit Salz und Pfeffer aus der Mühle würzen.

9 Basilikum, Petersilie und Schalottenringe mit etwas Olivenöl anmachen und über Tomaten und Mozzarella häufen.

10 Abschließend ein paar Kapern darüber streuen und mit dem restlichen Olivenöl und Balsamessig benetzen.

Zutaten

4 Personen

6	Knoblauchzehen
	Meersalz & Pfeffer aus der Mühle
	Saft von 1 Zitrone
3 EL	natives Olivenöl extra
3 EL	Balsamessig
1	dickes Bund Basilikumblätter
8	Eiertomaten, gehäutet
425 g	Büffelmozzarella
1	kleines Bund Petersilie
30 g	Schalottenringe

Caponata

500 g	Auberginen, in 2 cm große Würfel geschnitten
300 ml	Olivenöl
500 g	Zwiebeln, in 2 cm große Würfel geschnitten
500 g	Stangensellerie mit Blattgrün, in 2 cm große Stücke geschnitten
3	Knoblauchzehen
	Salz & Pfeffer
60 g	Tomatenpüree
3 EL	Rotweinessig
90 g	Zucker
500 g	grüne Oliven ohne Stein
60 g	Kapern
120 g	Basilikum
3 EL	Balsamessig

Büffelmozzarella mit Auberginenröllchen & Pesto

Zubereitung

1 Die Auberginen längs in dünne Scheiben schneiden, Sie brauchen insgesamt mindestens 12 Scheiben. Leicht mit Öl bepinseln und auf einem Grill von beiden Seiten garen. Auf einer Platte ausbreiten und mit Balsamessig bepinseln. Erkalten lassen.

2 Für die Füllung Kapern, Tomaten, Oliven, Petersilie und restlichen Essig vermischen. Einen gehäuften Teelöffel Füllung auf die Auberginenscheiben setzen und aufrollen.

3 Für den Pesto Basilikum, Pinienkerne, Knoblauch und restliches Olivenöl entweder im Mörser zerstoßen oder in der Küchenmaschine zerkleinern.

4 Mozzarella in 12 Scheiben schneiden, jeweils 3 auf einem Teller anrichten. Je 3 Auberginenröllchen danebensetzen und mit etwas Pesto umkränzen. Mit ganzen frischen Basilikumblättern garnieren.

Zutaten

4 Personen

2	Auberginen
200 ml	Olivenöl
2–3 EL	Balsamessig
2 EL	sehr feine Kapern in Salzlake, abgetropft
2 EL	gewürfelte Tomaten
1 EL	gehackte schwarze Oliven
1 EL	gehackte Petersilie
50 g	frisches Basilikum
25 g	Pinienkerne
3	Knoblauchzehen, geschält
200 g	Büffelmozzarella

Büffelmozzarella mit piemontesischem Paprika

Zutaten

2 Personen

2	rote Paprikaschoten
2	gelbe Paprikaschoten
	Salz & Pfeffer
1	Knoblauchzehe, in Scheiben geschnitten
8	Basilikumblätter
8	gesalzene Sardellenfilets (nach Wunsch)
4	Eiertomaten
1 EL	Olivenöl
200 g	Büffelmozzarella

Zubereitung

1 Paprika längs halbieren und entkernen. Den Stiel dabei nicht entfernen. Die Paprikahälften innen salzen und pfeffern und mit einer Scheibe Knoblauch, einem ganzen Basilikumblatt und nach Wunsch mit einem Sardellenfilet belegen.

2 Die Tomaten halbieren und gleichmäßig auf die Paprikahälften verteilen. Erneut würzen und mit Olivenöl benetzen.

3 In eine schwere, geölte Auflaufform setzen, mit Alufolie abdecken und im warmen Backrohr eine Stunde garen.

4 Nach einer Stunde die Folie entfernen und 30 Minuten weitergaren. Danach sollten die Paprikaschoten sehr weich und die Tomaten leicht angetrocknet sein. Die Paprikaschoten erkalten lassen und mit ein paar Mozzarellascheiben servieren.

Büffelmozzarella mit Couscous, Zitrone, Petersilie & Kapern

Zubereitung

1 Für den Salat den Couscous mit der Gurke, einem Viertel des Olivenöls, Dreiviertel der Tomaten, jeweils der Hälfte von Zitronensaft und gehackter Petersilie sowie Dreiviertel der Zwiebel vermischen. Salzen und pfeffern, beiseite stellen.

2 Inzwischen für das Dressing die restliche Petersilie, Zitronensaft und -schale, die restlichen Zwiebel- und Tomatenwürfel, Kapern, Schalotten und Olivenöl vermischen. Mit Salz und Pfeffer abschmecken.

3 Den Couscoussalat in 4 Portionen teilen und zu einem flachen Kuchen pressen. Auf Tellern anrichten.

4 Mozzarella in Scheiben schneiden und obenauf setzen. Mit Parmesanraspeln bestreuen.

5 Etwas Dressing auf die Teller und über den Mozzarella träufeln.

Zutaten

4 Personen

250 g	gekochter Couscous
½	Gurke, geschält und fein gewürfelt
250 ml	natives Olivenöl extra
2	Eiertomaten, gehäutet, entkernt und fein gewürfelt
	Saft und abgeriebene Schale von 1 unbehandelten Zitrone
1	kleines Bund Petersilie, gehackt
½	rote Zwiebel, gehackt
	Salz & Pfeffer
30 g	Kapern
25 g	Schalottenringe
200 g	Büffelmozzarella
30 g	Parmesanraspel

Gegrillte Gemüseküchlein mit Mozzarella

Zubereitung

1 Backherd auf 170°C vorheizen.

2 Die Paprikaschoten über einer offenen Flamme bräunen. Etwas abkühlen lassen, dann rasch unter fließendem Wasser häuten. Trockentupfen, halbieren und entkernen. Das Fruchtfleisch in 4 cm große Quadrate schneiden. Auf einem Teller ausbreiten und mit Salz und Pfeffer sowie Olivenöl würzen.

3 Die Auberginen in 8 Scheiben mit 1 cm Stärke schneiden. Auf beiden Seiten salzen und pfeffern und großzügig mit Öl bepinseln. Auf einem Backblech ausbreiten und rund 15–20 Minuten braten, bis sie zusammenfallen und weich sind. Vom Blech nehmen und auf einer großen Platte ausbreiten.

4 Tomaten häuten und in 8 jeweils 5 mm dünne Scheiben schneiden und auf einer zweiten Platte ausbreiten.

5 Mozzarella in 12 Scheiben schneiden. In einem Sieb abtropfen lassen. Basilikumblätter sorgfältig verlesen.

6 Vier Teller bereit stellen. Je eine Auberginenscheibe auf die Teller setzen. Eine Mozzarellascheibe, dann eine Tomatenscheibe und ein Basilikumblatt darauf legen. Legen Sie dann ein Stück Paprika, danach Mozzarella, Tomate und Basilikum und als Abschluss eine Auberginenscheibe darauf.

7 Vor dem Servieren mit Öl beträufeln und mit zerzupften Basilikumblättern und nach Wunsch mit gehackten Oliven bestreuen.

Tipp:
Achten Sie darauf, dass das Gemüse vor dem Auftürmen richtig gewürzt ist und der Mozzarella gut abtropfen konnte.

Zutaten

4 Personen

1	rote Paprikaschote
1	gelbe Paprikaschote
	Salz & Pfeffer
	natives Olivenöl extra
2	Auberginen
2	große, reife Tomaten
200 g	Büffelmozzarella
16	Basilikumblätter
1	Handvoll entsteinte Oliven (nach Wunsch)

Gebackener Mozzarella mit Sardellendressing

Zubereitung

1 Für das Dressing Sardellen, Kapern, Knoblauch, Zitronensaft und Eigelbe im Mixer glatt pürieren. Dann das Öl wie bei einer Mayonnaise in einem dünnen Strahl einlaufen lassen und weitermixen. Abschließend mit Pfeffer abschmecken. Wenn das Dressing zu dick wirkt, mit etwas Wasser wieder verflüssigen. Das Dressing hält sich im Kühlschrank 3–4 Tage.

2 Die Bohnen in reichlich sprudelndem Salzwasser kochen. Wenn sie gerade gar sind, abgießen und unter fließendem kaltem Wasser abschrecken.

3 Mozzarella in insgesamt 12 Scheiben schneiden. Nach und nach in Mehl wenden und darauf achten, dass sie ganz von Mehl überzogen sind. Nun in das verquirlte Ei tauchen und wieder darauf achten, dass die Scheiben rundum mit Ei bedeckt sind. Dann in Semmelbröseln wenden. Die panierten Mozzarellascheiben so auf einer Platte ausbreiten, dass sie sich nicht berühren.

4 Kurz vor dem Servieren die Bohnen in eine Schüssel geben und mit etwas Olivenöl, gehackten Schalotten, Salz und Pfeffer anmachen. Auf 4 Teller verteilen.

5 Das Öl in einer Fritteuse oder einer Pfanne erhitzen und die Mozzarellascheiben ausbacken. Geben Sie nicht zu viel Mozzarella auf einmal ins Öl. Backen Sie den Käse nach und nach aus und halten Sie ihn dann im Backrohr warm.

6 Die ausgebackenen Käsescheiben über den Bohnensalat schichten. Großzügig mit dem Sardellendressing überziehen, mit Parmesan bestreuen und zu Tisch bringen. Nach Wunsch mit je 2 gegrillten Tomatenhälften garnieren.

Zutaten

4 Personen

400 g	grüne Bohnen, geputzt
400 g	Büffelmozzarella
250 g	Mehl
2	Eier
250 g	Semmelbrösel (Paniermehl)
1 EL	Olivenöl
3	Schalotten, fein gehackt
	Salz & Pfeffer
	Öl zum Ausbacken
30 g	Parmesan, gerieben
8	gegrillte Tomaten-hälften (nach Wunsch)

Sardellendressing

1	kleine Dose Sardellen in Öl
3 TL	Kapern
1	Knoblauchzehe
	Saft von 1 Zitrone
3	Eigelbe
400 ml	Olivenöl
	Pfeffer

Gebackene Zucchini-Blüten

Zutaten

4 Personen

8	große Zucchini-blüten (mit kleinen Zucchini)
200 g	Büffelmozzarella
1	Tomate, fein gehackt
2	Sardellen
2	Basilikumblätter
	Salz & Pfeffer
300 g	Mehl
1 Pr.	Natron (ersatz-weise Backpulver)
150 ml	kaltes Wasser
1½ EL	süß-saure Sauce
2 EL	natives Olivenöl extra
500 ml	Öl zum Frittieren

Zubereitung

1 Die Blüten von den Zucchini trennen und das fleischige Innenleben ausschaben. Die Zucchini in Scheiben schneiden und beiseite stellen.

2 Mozzarella fein würfeln und in eine Schüssel geben. Die Hälfte der Tomate hinzufügen. Sardellen und Basilikum hacken und zusammen mit Salz und Pfeffer untermengen.

3 Die Blüten vorsichtig öffnen und gleichmäßig mit der Mozzarellamischung füllen.

4 Mehl und Natron in einer Schüssel vermengen. Das kalte Wasser hinzufügen und mit dem Schneebesen zu einem Backteig verrühren. Kühl stellen.

5 Die süß-saure Sauce in einem Pfännchen erwärmen und die restlichen Tomatenwürfel hineingeben. Das Ganze langsam auf kleiner Flamme erwärmen.

6 Inzwischen das Olivenöl erhitzen und die Zucchini darin andünsten. Abtropfen lassen und auf 4 Teller verteilen.

7 Nun die Zucchiniblüten frittieren. Dazu das Öl auf etwa 170°C erhitzen. Die Blüten in den Backteig tauchen, abtropfen lassen und nach und nach ins heiße Öl geben. Sobald die Blüten goldgelb aussehen, aus dem Öl heben und abtropfen lassen. Je 2 Blüten auf die Zucchini betten. Etwas warme Sauce über den Teller verteilen.

*Gegrillte Auberginen mit
dunklem Basilikum & Mozzarella*

(Rezept auf der folgenden Seite)

Gegrillte Auberginen mit dunklem Basilikum & Mozzarella

Zutaten

6 Personen

6	kleine bis mittlere schlanke Auberginen
8 EL	Olivenöl
	grobkörniges Salz
	schwarzer Pfeffer aus der Mühle
2 Bd.	rotes (ersatzweise grünes) Basilikum, gehackt
1,2 kg	Büffelmozzarella
12 EL	frische Semmelbrösel (Paniermehl), in etwas Olivenöl knusprig gebraten und mit Salz & Pfeffer gewürzt
	einige Kräuter zum Garnieren

Zubereitung

1 Den Grill auf die höchste Stufe oder den Backherd auf 200°C vorheizen.

2 Auberginen längs halbieren und mit der Hälfte des Olivenöls beträufeln. Die Auberginenhälften nun entweder grillen, bis das Muster des Grillrosts deutlich zu erkennen ist (nach Wunsch die Auberginen drehen, so dass ein Rautenmuster entsteht). Salzen und pfeffern und mit der Hälfte des Basilikums würzen.

Falls Sie die Auberginen im Backrohr garen, auf ein Backblech breiten, salzen und pfeffern und mit der Hälfte des Basilikums bestreuen. In rund 10 Minuten fast ganz weich braten.

3 Mozzarella in mundgerechte Stücke teilen, salzen und pfeffern und mit den Auberginen auf Tellern anrichten. Mit dem restlichen Olivenöl beträufeln.

4 Zum Servieren das übrige Basilikum unter die gerösteten Semmelbrösel mischen und auf den Auberginen verteilen. Nach Belieben mit Kräutern garnieren.

Zutaten

4 Personen

250 g	rote Zwiebeln, in Ringe geschnitten
100 ml	natives Olivenöl extra
8	kleine, ganze Steinpilze
1	Lorbeerblatt
1	Rosmarinzweig
	Salz & Pfeffer
400 g	geräucherter Büffelmozzarella, in dicke Scheiben geschnitten
4 EL	Balsamessig

Geräucherter Büffelmozzarella mit Steinpilzen

Zubereitung

1 Die Zwiebeln in 50 ml Olivenöl glasig dünsten.

2 Die Pilze mit Lorbeer, Rosmarin und dem restlichen Öl garen. Salzen und pfeffern.

3 Die Mozzarellascheiben in einer heißen Pfanne mit Antihaftbeschichtung auf beiden Seiten rasch braten, aber nicht schmelzen lassen.

4 Auf 4 Tellern jeweils einen Sockel aus roten Zwiebeln anrichten. Eine Mozzarellascheibe, die Pilze und Kräuter darüber schichten. Mit Balsamessig beträufeln.

Kräuter-Crostini mit Basilikumsahne & Mozzarella

Zutaten

4 Personen

6	große reife Eiertomaten, längs halbiert und entkernt
	Olivenöl
	Salz & schwarzer Pfeffer
300 g	Crème double
100 g	Crème fraîche
2	Knoblauchzehen, zerdrückt
1	kleines Bund Basilikum
1 TL	Zucker
1 EL	gemischte gehackte Kräuter (Estragon, Petersilie, Kerbel, Basilikum)
4	Scheiben französisches Landbrot, geröstet und mit Knoblauch und Olivenöl eingerieben
200 g	Büffelmozzarella
2 TL	geriebener Parmesan

Zubereitung

1 Die Tomaten mit der Schnittfläche nach oben in eine Auflaufform geben und mit etwas Olivenöl benetzen. Salzen, pfeffern und 10 Minuten im 190°C heißen Ofen schmoren.

2 Inzwischen Crème double, Crème fraîche, Knoblauch, Basilikumstengel und Zucker in einen Topf geben und um ein Drittel einkochen lassen. Die grob gehackten Basilikumblätter hinzufügen. Die Tomaten mit dieser Mischung übergießen und weitere 15 Minuten im Ofen schmoren. Die Sahne sollte dabei eindicken und durch die Tomaten eine leicht rötliche Färbung erhalten.

3 In der Zwischenzeit die gehackten Kräuter über die gerösteten Brotscheiben streuen und Mozzarella in Scheiben schneiden.

4 Sobald die Tomaten gar sind, aus der Sauce heben und je 3 Tomatenhälften auf die Brotscheiben setzen. Mit etwas Parmesan bestreuen und mit einer Scheibe Mozzarella abschließen.

5 Auf ein Backblech setzen und 5 Minuten im heißen Rohr überbacken, bis der Käse zu schmelzen beginnt. Aus dem Rohr holen und auf vorgewärmte Teller setzen. Mit der reduzierten Basilikumsahne umkränzen und mit Pfeffer übermahlen.

Auberginen-Mozzarella-Beignets mit Haferwurzel & Balsamessig

Zubereitung

Zutaten

4 Personen

16	Cocktailtomaten
	Salz & Pfeffer
200 ml	dunkles Bier
2	Eier
250 g	Mehl
2	mittelgroße Auberginen
100 g	Pesto
3	Kugeln Büffel- mozzarella (à ca. 150 g)
	Öl zum Ausbacken
2	Haferwurzeln (ersatzweise Peter- silienwurzeln), geputzt
4 EL	Olivenöl
1 EL	Balsamessig
16	grüne Basilikumblätter
40 g	Parmesanraspel (nach Wunsch)

1 Die Cocktailtomaten mit einer Gabel einstechen. Grobkörniges Salz auf ein Backblech streuen und die Tomaten darauf bet- ten. Eine halbe Stunde im 120°C heißen Ofen schmoren.

2 Inzwischen den Backteig vorbereiten. Dazu Bier, Eier und die Hälfte des Mehls mit einem Schnee- besen verrühren. Durch ein Sieb streichen und salzen und pfeffern.

3 Die Auberginen in 12 gleichmäßige Scheiben schneiden, salzen und pfeffern und mit Pesto bestreichen.

4 Die Mozzarellakugeln halbieren und auf 6 Au- berginenscheiben setzen.

Die übrigen Auberginen- scheiben mit der Pesto- seite nach innen darauf legen. Den restlichen Pesto in den Bierteig rühren.

5 Diese »Sandwiches« gleichmäßig in Mehl wenden, überschüssiges Mehl abklopfen. Dann in den Teig tauchen. In ei- ner Fritteuse bei 150°C ausbacken oder etwa 10 cm Öl in einen Topf geben und bei mittlerer Hitze darin frittieren. Die goldbraunen Beignets herausheben, abtropfen lassen und würzen.

6 Die Haferwurzeln in feine lange Streifen schneiden. Etwas Olivenöl in einem warmen Topf erhitzen. Die Wurzelstreifen hinzu- fügen, salzen und pfef- fern und 2–3 Minuten dünsten. Balsamessig, Basilikum und Tomaten hinzufügen. Vom Herd nehmen und sofort weiterverarbeiten.

7 Zum Anrichten die Beig- nets halbieren. Jeweils 3 Hälften mit der Schnitt- fläche nach unten auf 4 Teller verteilen. Hafer- wurzel, Tomaten und Basilikum fein säuberlich auf den Tellern drapieren. Abschließend mit dem restlichen Balsamessig und Olivenöl beträufeln. Nach Belieben mit Par- mesanraspeln garnieren.

Gemüseskulpturen mit Mozzarellahäppchen

Zubereitung

1 Zucchini und Daikon waschen und putzen und getrennt in Salzwasser garen. Die Rübchen in Salzwasser kochen, zum Schluss den Safran für einige Sekunden ins Kochwasser geben.

2 Die Tomaten zu Zylindern schneiden, das gekochte Gemüse in eine beliebige Form bringen (siehe Foto).

3 Für das Dressing Olivenöl und Zitronensaft mit Muskat, zerstoßenen Korianderkörnern und Gewürznelken vermischen.

4 Die Gemüseskulpturen und die Mozzarellakügelchen auf 4 Teller verteilen und mit dem Dressing beträufeln.

Zutaten

4 Personen

4	kleine Zucchini
4	Daikon (japanischer Rettich)
	Salz
4	weiße Rübchen
1 Pr.	Safranfäden
4	Tomaten
2	große rote Beten, vorgekocht
100 g	natives Olivenöl extra
	Saft von 1 Zitrone
	Muskat, Koriander
5	Gewürznelken
16	Mini-Mozzarella-kugeln (bocconcini)

Bohnenpâté mit Büffelmozzarella & Gemüsemayonnaise

Zutaten

4 Personen

300 g	weiße Cannellini-bohnen, gekocht
50 g	Ricottakäse
70 ml	Olivenöl
	Salz & Pfeffer
200 g	Büffelmozzarella (vorzugsweise in Zöpfchen, treccine), geviertelt
	fein gehackte Kräuter

Gemüsemayonnaise

200 g	gedämpftes Gemüse (grüne Bohnen, Spinat und Zucchini)
150 ml	natives Olivenöl extra

Zubereitung

1 Für das Pâté die Hälfte der gekochten Bohnen zusammen mit dem Ricottakäse in eine Küchenmaschine füllen, auf höchster Stufe 20 Sekunden pürieren und anschließend durch ein Sieb streichen. Dieses Püree mit 50 ml Olivenöl verrühren. Mit Salz und Pfeffer abschmecken.

2 Für die Mayonnaise das Gemüse und das Öl auf höchster Stufe bis zu 20 Sekunden lang mixen.

3 Das Pâté nun am unteren Tellerrand plazieren. Die restlichen Bohnen auf der gegenüberliegenden Seite aufhäufen und mit Kräutern und Öl anmachen. Mozzarella obenauf setzen und leicht salzen. Mit Mayonnaise überziehen. Das Ganze nach Belieben mit frischen Kräutern garnieren.

Gegrillte Pilze & Mozzarella mit Paprika-Peperoni-Relish

Zutaten

4 Personen

90 g	getrocknete Paprikaschoten
60 g	sauer eingelegte Peperoni
1	Knoblauchzehe, zerdrückt
4 EL	Pinienkerne, leicht geröstet
1	Bund frisches Basilikum
2 EL	guter Balsamessig
50 ml	natives Olivenöl extra
4	Pilze mit großen, flachen Kappen (ca. 12 cm Durchmesser, ersatzweise 16 große Champignons)
	Salz & Pfeffer
200 g	Büffelmozzarella
2 EL	geriebener Parmesan

Zubereitung

1 Das Relish im voraus zubereiten. Dazu den getrockneten Paprika fein aufschneiden und mit etwas kochendem Wasser überbrühen. 20 Minuten einweichen lassen. Danach das überschüssige Wasser abgießen. Die eingelegten Peperoni fein aufschneiden, die Stiele entfernen.

2 Paprika, Peperoni, Knoblauch, Pinienkerne, das fein gehackte Basilikum, Balsamessig und Olivenöl in einer Schüssel vermischen. Nach Geschmack würzen.

3 Als nächstes die Kappen der Pilze häuten, die Stengel entfernen.

Die Kappen mit etwas Olivenöl bepinseln, salzen, pfeffern und unter einem heißen Grill oder im heißen Backrohr 6–8 Minuten braten.

4 Mozzarella in zentimeterdicke Scheiben schneiden und auf die Pilze legen. Salzen und pfeffern und mit etwas Parmesan bestreuen. Wieder unter den Grill oder in den Backofen schieben, bis der Käse schmilzt und oben leicht bräunt.

5 Herausholen und auf einen vorgewärmten Teller setzen. Mit Relish umgeben und sofort servieren.

Tipp:
Getrockneter Paprika wird nur selten angeboten. Nehmen Sie ersatzweise frischen roten Paprika. Die Schoten entkernen, fein aufschneiden und in einer Pfanne mit Olivenöl, Salz und Pfeffer weich dünsten. (Eingelegte Peperoni gibt es in verschiedenen Schärfegraden. Wenn sie für Ihren Geschmack zu scharf sind, vor dem Aufschneiden die Kerne entfernen.)

Mozzarellatarte mit Tomaten & Pesto

Zubereitung

1 Backherd auf 190°C vorheizen.

2 Blätterteig 3 mm dünn ausrollen. Mit einem runden Förmchen 4 Scheiben mit etwa 12,5 cm Durchmesser ausstechen. Den Teig in der Mitte mit einer Gabel einstechen.

3 Mit je einem Teelöffel Pesto überziehen, dann abwechselnd Tomaten- und Mozzarellascheiben auf die Teigkreise legen. 15 Minuten in den Kühlschrank stellen.

4 Herausnehmen und den Rand der Teigkreise mit etwas verquirltem Ei bepinseln. Auf ein mit Backtrennpapier ausgelegtes Blech setzen und ins Backrohr schieben. 15–20 Minuten backen, bis der Teig knusprig und goldbraun aussieht.

5 Aus dem Backrohr holen und mit etwas Basilikumöl beträufeln.

Zutaten

4 Personen

550 g	Blätterteig
4–6	große Eiertomaten, blanchiert und in Scheiben geschnitten
200 g	Büffelmozzarella, in Scheiben geschnitten
100 g	Pesto
1	Ei
2 EL	Basilikumöl (ersatzweise zerzupfte Basilikumblätter in Olivenöl ziehen lassen)

Riso e Risotto

verführerischer Schmelz

Frischer Mozzarella verleiht jedem Risotto verführerisch zarten Schmelz und eine samtig cremige Konsistenz, wie sie beispielsweise im Risotto mantecato oder im Safranrisotto mit Rucola besonders schön zur Geltung kommen. Bei würzigem Wildreis dagegen setzt die neapolitanische Köstlichkeit angenehm frische Akzente.

Kürbisrisotto mit Schalottenringen & Pesto

Zubereitung

1 Zunächst den Pesto zubereiten. Knoblauch, Basilikum und Pinienkerne mit etwas Salz und Pfeffer in die Küchenmaschine füllen. Zu einer Paste pürieren, dann so viel Olivenöl hineinrühren, bis ein leicht flüssiges Püree entsteht. In eine Schüssel umfüllen und den Parmesan unterziehen.

2 Die Schalottenringe im mit Salz und Pfeffer gewürzten Mehl wenden. Überschüssiges Mehl abklopfen. Schalottenringe in 160°C heißem Öl goldbraun ausbacken. Herausheben, überschüssiges Öl abtropfen lassen und auf Küchenkrepp ausbreiten. Leicht salzen und auf einem vorgewärmten Teller beiseite stellen.

3 Den Knoblauch vor dem Karamellisieren 3 Minuten in sprudelndem Salzwasser blanchieren. Abgießen, in einen anderen Topf umfüllen. 200 ml Geflügelbrühe und einen Klecks Butter hinzufügen. Knoblauch darin weich garen, bis die Brühe zu einem Sirup eingekocht ist und die Knoblauchzehen umhüllt.

4 Kürbis schälen und entkernen. In zentimetergroße Würfel schneiden und in etwas Olivenöl andünsten. Im warmen Backrohr 10–12 Minuten weich garen. In der Zwischenzeit die Zwiebel in restlicher Butter weich dünsten, aber nicht bräunen.

5 Den Reis zur Zwiebel geben und bei kräftiger Hitze rösten, bis er rundum glänzt und glasig wirkt. Die Hitzezufuhr wieder drosseln und schöpfkellenweise die Brühe hinzugießen. Brühe unter den Reis rühren und vollständig einkochen lassen, dann erst wieder die nächste Kelle Brühe dazugießen.

6 Sobald der Reis al dente gekocht ist und die richtige Konsistenz aufweist, Mozzarella, Parmesan und Kürbiswürfel unterziehen. 2 Minuten mitgaren. Sofort auf heiße Teller verteilen, mit Pesto umkränzen und mit einer kleinen Portion Schalottenringen abdecken.

Zutaten

4 Personen

50 g	Schalottenringe
100 g	Mehl
	Salz & Pfeffer
	Öl zum Ausbacken
16	Knoblauchzehen, geschält
1,6 l	heiße Geflügelbrühe
75 g	Butter
400 g	Butternuss-Kürbis
1	kleine Zwiebel, fein geschnitten
400 g	Risottoreis (Arborio)
125 g	Büffelmozzarella, in 1cm große Würfel geschnitten
50 g	Parmesan, gerieben

Pesto

3	Knoblauchzehen
1	großes Bund Basilikum
3 EL	Pinienkerne, leicht geröstet
	Salz & Pfeffer
	Olivenöl
3 EL	geriebener Parmesan

Risotto mantecato

Zutaten

4 Personen

1	Schalotte
2 EL	Olivenöl
350 g	Risottoreis (Arborio)
1 l	Geflügelbrühe
150 g	geräucherter Büffelmozzarella, gewürfelt
50 g	Parmesan, gerieben
100 g	gesalzene Butter
	Salz & Pfeffer
100 ml	guter Fleischfond (nach Wunsch)

Zubereitung

1 Die Schalotte sehr fein hacken und im Olivenöl andünsten. Den Reis hinzufügen und 2–3 Minuten unter ständigem Rühren anrösten.

2 Die Geflügelbrühe zum Kochen bringen, die Hälfte davon über den Reis gießen und 15 Minuten kochen lassen, die restliche Brühe nach und nach hinzugießen.

3 Risotto vom Herd nehmen und 2–3 Minuten abkühlen lassen. Dann kräftig mit einem Holzlöffel umrühren und dabei zuerst Mozzarellastückchen, dann Parmesan und schließlich die Butter einarbeiten.

4 Mit Salz und Pfeffer abschmecken und servieren.

Tipp:
Wenn Sie auch den Fleischfond verwenden wollen, die Hälfte davon nach dem Parmesan unter den Reis rühren, den Rest vor dem Servieren über das Risotto träufeln.

Tomaten-Mozzarella-Risotto

(Rezept auf der folgenden Seite)

Tomaten-Mozzarella-Risotto

Zutaten

6 Personen

8	Eiertomaten
	Salz & Pfeffer
1 l	frische Geflügelbrühe
100 g	Butter
1	milde weiße Zwiebel, fein gehackt
1 TL	Harissa-Würzpaste
	abgeriebene Schale von ½ Zitrone
1	Knoblauchzehe, fein gehackt
400 g	Risottoreis (Carnaroli)
6 EL	geriebener Parmesan
300 g	Büffelmozzarella

Zubereitung

1 Den Grill vorheizen. Die ganzen Tomaten 5 Minuten pro Seite grillen, bis die Haut Blasen wirft und die Tomaten weich sind. In eine Küchenmaschine füllen und pürieren. Das Püree durch ein Sieb streichen, um Haut und Kerne zu entfernen. Salzen und pfeffern und beiseite stellen.

2 Die Brühe in einem Topf zum Kochen bringen und leise köcheln lassen. Die Butter in einem weiten Topf erhitzen. Zwiebel, Harissa, Zitronen- schale und Knoblauch hinzufügen. Bei milder Hitze 5 Minuten dünsten. Den Reis hinein- schütten und 2 Minuten mitdünsten. Das frische Tomatenpüree hinzufü- gen und verrühren, bis der Reis das Püree aufge- sogen hat.

3 Nun die heiße Brühe schöpfkellenweise hinzu- fügen. Dabei jede Porti- on zuerst einkochen lassen, bevor Sie die nächste Kelle angießen (dieser Vorgang dauert etwa 15–18 Minuten).

4 Risotto vom Herd neh- men, die Hälfte des Par- mesans einrühren und abschmecken. Zum Schluss Mozzarella fein würfeln, Risotto wieder auf den Herd setzen und die Mozzarellawürfel ein- arbeiten. Sobald diese heiß werden und Fäden zu ziehen beginnen, ist das Risotto fertig. Auf 6 Teller verteilen und mit dem restlichen Parmesan bestreuen.

Foto vorhergehende Seite …

Safran-Mozzarella-Risotto mit Rucola

Zubereitung

1 Die Schalotten im Ganzen 4–5 Minuten sanft in 120 g Butter andünsten, bis sie Farbe nehmen. Dann den Reis hinzufügen und unter ständigem Rühren 3–4 Minuten weiterdünsten, bis der Reis rundum von Butter überzogen ist.

2 Die Safranbrühe mit rund 400 ml normaler Geflügelbrühe vermischen und zum Kochen bringen.

3 Die restliche Geflügelbrühe nach und nach über den Reis gießen. Jede Portion Brühe unter ständigem Rühren einkochen lassen, dann erst wieder die nächste Kelle Brühe angießen. Fortfahren, bis der Reis gar und die Brühe aufgebraucht ist.

4 Risotto salzen und pfeffern und 50 g Butter einarbeiten. Die Mozzarellawürfel unterziehen und eine Minute ruhen lassen, damit sie zu schmelzen beginnen.

5 Die Rucolablätter in einer Pfanne mit etwas Olivenöl andünsten und zusammenfallen lassen. Das Risotto auf Schalen verteilen und etwas gedünstete Rucola obenauf setzen. Mit Parmesan bestreuen.

Zutaten

6 Personen

100 g	Schalotten
170 g	Butter
300 g	Risottoreis (Arborio)
1 TL	Safranfäden (in 25 ml Geflügelbrühe einweichen)
750 ml	Geflügelbrühe
	Salz & Pfeffer
300 g	Büffelmozzarella, in 1 cm große Würfel geschnitten
6	Handvoll Rucola
	Olivenöl
3 EL	geriebener Parmesan

Foto nächste Seite …

*Safran-Mozzarella-Risotto
mit Rucola*

(Rezept auf der vorhergehenden Seite)

Rote Zwiebeln
& Büffelmozzarella auf Wildreis

Zutaten

4 Personen

100 g	Puffbohnen
150 g	Wildreis (15 Minuten in Salzwasser gegart)
150 g	rote Zwiebeln
400 g	Büffelmozzarella

Basilikumdressing

100 ml	Olivenöl
1 ¹/₂ EL	Zitronensaft
	Salz & Pfeffer
50 g	Basilikum

Zubereitung

1 Die Puffbohnen in Salzwasser garen, abkühlen lassen.

2 Alle Zutaten für das Dressing im Mixer pürieren. Den gekochten Reis und die Bohnen mit ein wenig Dressing überziehen.

3 Die Zwiebeln in dünne Ringe schneiden und mit Dressing anmachen.

4 Mozzarella in 4 dicke Scheiben schneiden und mit Dressing würzen.

5 Auf jeden Teller einen Sockel aus kaltem Wildreis setzen. Mozzarella und Zwiebelringe darüberschichten. Die Bohnen und das restliche Dressing um diese Türmchen herum verteilen.

Tomatenrisotto
mit Mozzarella & Basilikum

Zubereitung

1 Eine Tomate in hauch-
dünne Scheiben schnei-
den, mit etwas Salz be-
streuen und über Nacht
auf einem Drahtgitter
trocknen lassen.

2 Die restlichen Tomaten
10 Sekunden in kochen-
des Wasser tauchen.
Herausheben und in Eis-
wasser legen. Die erkal-
teten Tomaten häuten
und vierteln, entkernen
und in 3 cm große Stücke
hacken.

3 Die Hälfte der Butter in einem Topf mit schwerem
Boden erhitzen. Schalot-
ten, Knoblauch und Reis
hinzufügen und 3–4 Mi-
nuten anschwitzen.

4 Die Hälfte der Gemüse-
brühe hinzugießen und
ständig umrühren, damit
der Reis nicht anbrennt.
Nach und nach die rest-
liche Brühe angießen
und einkochen lassen.
Der Reis ist fertig, wenn
fast die ganze Brühe ver-
kocht ist und die Körner
al dente sind.

5 Vom Herd nehmen, Crè-
me double, Mozzarella-
würfel, Tomatenstücke,
die restliche Butter und
fast das ganze Basilikum
(etwas zum Garnieren
aufheben) einarbeiten.

6 Das Risotto mit dem restlichen Basilikum und den
getrockneten Tomaten-
scheiben garnieren.

Zutaten

6 Personen

5	Eiertomaten
	Salz
50 g	Butter
2	Schalotten, geschält und gehackt
1	Knoblauchzehe, geschält und gehackt
300 g	Risottoreis (Arborio)
1 l	Gemüsebrühe
200 g	Crème double
100 g	Büffelmozzarella, gewürfelt
1	kleines Bund Basilikumblätter

Risotto mit geräuchertem Speck, Büffelmozzarella & Wirsing

Zutaten

4 Personen

100 g	geräucherter Speck (Pancetta Affumicata)
1	Knoblauchzehe, in Scheiben geschnitten
½	Wirsingkopf, feinstreifig geschnitten
	Salz & Pfeffer
1	mittelgroße rote Zwiebel
100 g	Butter
400 g	Risottoreis (Arborio)
1 Glas	trockener Weißwein
1,5 l	kochend heiße, frische Geflügelbrühe
150 g	Parmesan, gerieben (Parmigiano Reggiano)
250 g	Büffelmozzarella, fein gewürfelt

Zubereitung

1 Pancetta in streichholzfeine Streifen schneiden und zusammen mit den Knoblauchscheiben goldbraun ausbraten. Die Wirsingstreifen hinzufügen und zugedeckt rund 5 Minuten dämpfen. Salzen und pfeffern, vom Herd nehmen und beiseite stellen.

2 Die rote Zwiebel sehr fein hacken. Einen Topf mit schwerem Boden anheizen und die Butter darin zerlassen. Sobald die Butter zu schäumen beginnt, die gehackte Zwiebel hinzufügen und auf kleiner Flamme 2–3 Minuten weich dünsten, aber nicht bräunen.

3 Den Reis hinzufügen und 3 Minuten unter ständigem Rühren glasig dünsten. Mit Weißwein ablöschen. Wenn der Wein eingekocht ist, die heiße Brühe schöpfkellenweise einrühren und einkochen lassen. Das Risotto ist fertig, wenn es eine dicke, cremige Konsistenz aufweist und die Reiskörner gleichmäßig al dente gekocht sind.

4 Die Pancetta-Wirsing-Mischung hinzufügen. Parmesan und Mozzarella einarbeiten, mit Salz und Pfeffer abschmecken und servieren.

Pesce e Crostacei

Fischkreationen

Das zarte, unaufdringliche

und doch typische Aroma macht

Büffelmozzarella zum idealen

Begleiter für die feinen und delikaten

Fischkreationen in diesem Kapitel

wie die Krabben in Safran-

sauce. Geräucherter Mozzarella

erweist sich seinerseits als ideale

Ergänzung zu Räucherlachs.

Caponatina aus Auberginen, Garnelen & Mozzarella

Zutaten

4 Personen

2	große Auberginen
	Salz
2 EL	gehackte Zwiebeln
3 EL	Olivenöl
50 g	Stangensellerie, gewürfelt und blanchiert
50 g	Oliven, entsteint und gehackt
2 EL	Kapern
2 EL	Pinienkerne
2	Tomaten, gehackt
300 g	Büffelmozzarella, gewürfelt
20	große Garnelen
10 ml	Tinte vom Tintenfisch (Fischgeschäft)
	Saft von ½ Zitrone

Zubereitung

1 Die Auberginen in grobe, etwa 1 cm große Würfel schneiden und mit einer Prise Salz in einer Pfanne mit Antihaftbeschichtung braten.

2 Zwiebel in einem Esslöffel Olivenöl andünsten, dann Sellerie, Auberginen, Oliven, Kapern, Pinienkerne und Tomaten hinzufügen und weich dünsten. In der letzten Minute die Mozzarellawürfel unterheben. Vom Herd nehmen und beiseite stellen.

3 Wieder etwas Olivenöl erhitzen und die Garnelen darin garen. Inzwischen das restliche Öl mit der Tinte und dem Zitronensaft verrühren.

4 Die Auberginen-Mozzarella-Mischung in die Mitte der Teller setzen. Pro Portion 10 halbierte Garnelen kranzförmig darum herum anordnen und mit dem Tintendressing beträufeln.

Büffelmozzarella mit einem Fächer aus Räucherlachs & Chicorée

Zubereitung

1 Die Chicoréeblätter mit etwas Olivenöl in einer Pfanne knusprig und goldgelb braten. Chicorée und Lachsscheiben dann abwechselnd in einem Fächermuster auf 4 Tellern anordnen.

2 Mozzarella in dicke Scheiben schneiden, mit fein gehacktem Basilikum, Salz und Pfeffer bestreuen. Mozzarellascheiben unterhalb des Fächers anordnen, einige Tomatenspalten dazwischen legen.

3 Für die Sauce die rote Paprikaschote sorgfältig mit einem Sparschäler häuten, dann entkernen. In 6 Stücke teilen. Die fein gehackte Schalotte mit einem Löffel Olivenöl und der Butter in einer Pfanne erhitzen. Paprika hinzufügen und in 10–15 Minuten sanft weich dünsten.

4 Den Pfanneninhalt zusammen mit den restlichen Zutaten für die Sauce in eine Küchenmaschine füllen und zu einer glatten Creme pürieren. Mit Salz und Pfeffer abschmecken und mit den Salatblättern zum Dekorieren verwenden.

Zutaten

4 Personen

2	Chicoréekolben, zerteilt in Blätter
	Olivenöl
160 g	Räucherlachs, in dünne Scheiben geschnitten
250 g	Büffelmozzarella
	einige Blätter Basilikum
	Salz & Pfeffer
2	Tomaten, in Spalten geschnitten
	einige Salatblätter zum Garnieren

Sauce

1	große rote Paprikaschote
¹/₂	Schalotte, fein gehackt
2 EL	Olivenöl
1 EL	Butter
1–2 TL	frischer Estragon
¹/₂ Bd.	Basilikum
2 EL	Gemüsebrühe

Zutaten

4–6 Personen

1	mittelgroße rote Zwiebel
1	große Zitrone
12	gesalzene Sardellenfilets
4	Scheiben gesäuertes Weißbrot
	Olivenöl
2	Knoblauchzehen, geschält
4	Zöpfchen Büffelmozzarella (treccine)
1 TL	frischer Thymian
2 EL	grob gehackte Petersilie
	schwarzer Pfeffer aus der Mühle

Mozzarellazöpfchen mit Anchovis, Zwiebeln & Zitrone

Zubereitung

1 Die rote Zwiebel schälen und in möglichst dünne Ringe hobeln. In eine Schale Eiswasser legen und mindestens 30 Minuten ziehen lassen.

2 Die Zitrone schälen und auch die feinen Häutchen entfernen. In Spalten teilen und das Fruchtfleisch grob hacken. Die Sardellenfilets längs in dünne Fäden teilen. Beides beiseite stellen.

3 Eine gusseiserne Grillpfanne anheizen. Die Brotscheiben mit etwas Olivenöl bepinseln und bräunen. Die noch heißen Brotscheiben auf einer Seite mit Knoblauchzehen einreiben und aromatisieren. Das Brot danach in Streifen schneiden.

4 Zum Servieren je ein Mozzarellazöpfchen auf die Teller legen. Mit Sardellen, Zitronenstückchen und Thymian bestreuen. Die Zwiebelringe aus dem Eiswasser heben, gut trocken schütteln und daraus ein Nest auf jedem Mozzarellazöpfchen aufhäufen. Das gegrillte Brot und die gehackte Petersilie darum herum verteilen. Mit einem ordentlichen Schuss Olivenöl und frisch gemahlenem Pfeffer abschließen.

Mozzarellabällchen auf Kaviar

Zubereitung

1 Gekochten Spinat und Brunnenkresse in die Küchenmaschine füllen und auf hoher Stufe pürieren. Einen Teelöffel Olivenöl, Salz und Pfeffer hinzufügen und zu einer glatten Creme verrühren.

2 Den Kaviar gleichmäßig auf die Teller verteilen und zu einem runden Sockel formen. Jeweils 3 Kleckse Püree rings um den Kaviar plazieren.

3 Die Püreehäufchen mit Tomatenstäbchen, Schnittlauch und Olivenöl garnieren. Je ein Mozzarellabällchen auf den Kaviarsockel setzen und alles mit Olivenöl beträufeln.

Zutaten

4 Personen

80 g	Spinat, frisch gedünstet
80 g	Brunnenkresse
50 ml	Olivenöl
	Salz & Pfeffer
150 g	Osietra-Kaviar
1	Tomate, in 2,5 cm lange Stäbchen geschnitten
	Schnittlauch zum Garnieren
4	Mini-Mozzarella-kugeln (bocconcini)

Mozzarella-Krabben in Safransauce

Zutaten

4 Personen

900 g	Büffelmozzarella
240 g	Krabben
70 g	Mirepoix (fein gewürfelte Gemüsemischung) aus grünen Bohnen, Möhren
	glatte Petersilie zum Garnieren

Citronette

100 ml	Olivenöl
1 EL	Zitronensaft
	Salz & Pfeffer

Safransauce

70 g	Sahne
2 Pr.	Safranfäden
200 g	Mayonnaise

Zubereitung

1 Mozzarella in gleichmäßige Scheiben schneiden.

2 Die Zutaten für die Citronette mixen und das Krabbenfleisch damit anmachen.

3 Das Gemüse für das Mirepoix würfeln und blanchieren. Zum Schluss eine Prise Safranfäden einige Sekunden ins Wasser geben. Das Gemüse kurz dünsten und mit dem Krabbenfleisch vermischen.

4 Die Sahne erhitzen, die zweite Prise Safran kurz hineingeben und wieder entfernen. Die Sahne sorgfältig mit der Mayonnaise verrühren.

5 Je eine Mozzarellascheibe auf die Teller legen. Eine Schicht Krabbenfleisch darauf verteilen. Abwechselnd je 3 Lagen Mozzarella und Krabbenfleisch auftürmen. Die Sauce um diese Türmchen herum verteilen. Mit Petersilie garnieren.

Carne

Fleisch und Mozzarella

Mozzarella im Schinkenhemd

oder beispielsweise die gefüllten

Kalbsplätzchen zeigen einmal

mehr, dass zartwürziger,

luftgetrockneter Schinken

aus Italien und delikates

Kalbfleisch eine äußerst

harmonische Verbindung

mit der neapolitanischen

Käsespezialität eingehen.

Trüffel-Burrata mit Schinken & ausgebackenen Artischocken

Zutaten

4 Personen

200 ml	Rotwein (z. B. Barbera d'Alba)
3 EL	gehackte Schalotten
1 TL	Mascarpone
100 ml	natives Olivenöl extra
8	gekochte Baby-artischocken (Feinkosthändler)
250 ml	Milch
250 g	Mehl
	Salz & Pfeffer
	Öl zum Ausbacken
2	Trüffel-Burrata
4	Scheiben Schinken (Carpegna oder Parma)
1 Bd.	Schnittlauch

Zubereitung

1 Rotwein und Schalotten in ein Töpfchen geben, zum Kochen bringen und auf die Hälfte einkochen lassen. Vom Herd nehmen und mit einem Schneebesen zunächst Mascarpone, dann das Olivenöl in einem steten Strahl einrühren. Abschmecken und beiseite stellen.

2 Die Artischocken halbieren, zweimal in Milch tauchen und in dem mit Salz und Pfeffer gewürzten Mehl wenden. Anschließend goldbraun ausbacken. Abtropfen lassen, auf Küchenkrepp ausbreiten und leicht salzen.

3 Die Burrata in die Mitte einer Servierplatte setzen. Schinken und Arti-schocken ringsherum drapieren. Mit Dressing überziehen und mit ge-hacktem Schnittlauch bestreuen. Die Platte mit einem Vorlegelöffel auftragen.

Tipp:
Unter Trüffel-Burrata ver-steht man ein Mozzarella-Päckchen, das mit cremi-gem, geraspeltem Mozza-rella gefüllt und manchmal mit etwas weißem Trüffelöl aromatisiert wird. Sie kön-nen Burrata bei einem italie-nischen Feinkosthändler bestellen. Wenn Sie keine Burrata bekommen, nehmen Sie ersatzweise Büffelmozzarella, den Sie nach Wunsch mit etwas weißem Trüffelöl beträufeln.

Warmer Spargel
mit Parmaschinken & Mozzarella

Zubereitung

1 Die Spargelstangen mit Ausnahme der Spitzen schälen, waschen und in Salzwasser ungefähr 4 Minuten weich kochen. Rasch in Eiswasser abschrecken, dann bis zum Servieren warm halten.

2 Mozzarella in insgesamt 12 Happen teilen, leicht salzen und pfeffern. Mit jeweils einem Salbeiblatt belegen.

3 Die Schinkenscheiben längs in je 3 dünne Streifen schneiden. Dann die Mozzarellahappen mit den Schinkenscheiben umwickeln.

4 Die Spargelstangen in etwas Öl und Butter rasch bräunen. Salzen und pfeffern, warm stellen.

5 Nun ein Backblech großzügig einölen und unter den heißen Grill schieben.

6 Sobald das Blech heiß ist, die Mozzarellapäckchen vorsichtig auf das Blech setzen und grillen. Nach 30 Sekunden wenden. Aus dem Grill holen, sobald sie rundum angebraten sind.

7 Eine kleine Pfanne bei mittlerer Hitze sanft erwärmen. Inzwischen den warmen Spargel auf Tellern anrichten. Mit den Mozzarellascheiben belegen und im Ofen warm halten.

8 Die restliche Butter in der vorgewärmten Pfanne zerlassen. Wenn sie schäumt, den übrigen Salbei hineingeben und bräunen. Zitronensaft, Salz und Pfeffer hinzufügen, dann vom Herd nehmen.

9 Die Spargelteller aus dem Ofen holen und großzügig mit Salbeibutter überziehen. Abschließend mit etwas Balsamessig beträufeln.

Zutaten

4 Personen	
20	grüne Spargelstangen
	Salz & Pfeffer
400 g	Büffelmozzarella
50 g	Salbeiblätter
8	dünne Scheiben Parmaschinken
2 EL	Olivenöl
170 g	Butter
3 EL	Zitronensaft
	gereifter Balsamessig

Kalbskotelett mit Mozzarella-Steinpilz-Füllung

Zutaten

4 Personen

4	Kalbskoteletts (mit Knochen)
	Salz & Pfeffer
150 g	frische Steinpilze
1	Knoblauchzehe
2 EL	gehackte Petersilie
200 ml	Olivenöl
200 g	Büffelmozzarella
2	Tomaten, gehäutet und gewürfelt
4 EL	geriebener Parmesan
24	Basilikumblätter
150 g	Butter
1 Bd.	Rosmarin
200 g	gemischte Blattsalate (Frisée, Radicchio, Kopfsalat, Rucola)

Zubereitung

1 Die Kalbskoteletts längs halbieren und die Hälften leicht flachklopfen. Salzen und pfeffern.

2 Die Steinpilze blättrig aufschneiden und zusammen mit Knoblauch und Petersilie in etwas Olivenöl dünsten.

3 Mozzarella würfeln und mit Tomatenstückchen, Parmesan, Basilikum und der Hälfte der Pilze in die Kalbskoteletts füllen. Die Kotelett-hälften zusammen-klappen und die Ränder mit Hilfe einer Messer-klinge fest andrücken.

4 Die Koteletts in Öl, Butter und Rosmarin anbraten. Im auf 190°C vorgeheizten Backrohr in 8–9 Minuten fertig garen.

5 Die restlichen Pilze in die Pfanne zum ausge-bratenen Fleischsaft geben. Einen Löffel Butter hinzufügen und köcheln lassen.

6 Die Salatblätter in einem Löffel Olivenöl andüns-ten. Auf 4 Teller vertei-len. Die Kalbskoteletts auf den Salat betten und mit der Steinpilzsauce überziehen. Nach Belie-ben mit Tomatenstreifen garnieren.

Zutaten

4 Personen

4	Kalbsschnitzel (à 150 g)
	Öl zum Braten
1	Spritzer trockener Weißwein
	Salz
160 g	Spinat, frisch gedünstet
3–4 EL	geriebener Parmesan
160 g	Büffelmozzarella
2	Tomaten, gehäutet und geviertelt

Garnierung

4	mittelgroße Tomaten
6 EL	zerpflücktes Weißbrot ohne Rinde
1 EL	Olivenöl
1 EL	fein gehackte Petersilie
2	gehackte Sardellenfilets
½	gehackte Knoblauchzehe

Kalbsplätzchen mit frischem Blattspinat & Mozzarella

Zubereitung

1 Die Kalbsschnitzel flach klopfen und in sehr heißem Öl braten. Das überschüssige Öl abgießen und mit einem Schuss Weißwein ablöschen. 2 Minuten weiterbraten. Das Fleisch aus der Pfanne heben, den Fond für später aufheben.

2 Die Kalbsplätzchen auf ein Backblech legen und salzen. Mit Spinat, Parmesan, 2 Mozzarellascheiben und 2 gehäuteten Tomatenvierteln belegen.

3 Von den Tomaten der Garnierung einen Deckel abschneiden, entkernen. Das Weißbrot mit Olivenöl, gehackter Petersilie, Sardellen und Knoblauch vermischen und in die Tomaten füllen. Zu den Kalbsplätzchen auf das Blech setzen. In das auf 200°C vorgeheizte Backrohr schieben und alles 6–8 Minuten überbacken, bis der Käse goldbraun aussieht.

4 Jeweils ein Kalbsplätzchen und eine Tomate auf einen Teller setzen und mit etwas Bratfond umgeben.

Kalbsschnitzel mit Auberginen & zartschmelzendem Mozzarella

Zutaten

4 Personen

4	hauchdünne Kalbsschnitzel
250 g	Mehl
5 EL	Olivenöl
1	Spritzer Weißwein
1	mittelgroße Aubergine
300 g	Büffelmozzarella, in Scheiben geschnitten
	frische Tomatensauce (nach dem Rezept auf Seite 155)
	Basilikum zum Garnieren (nach Wunsch)

Zubereitung

1 Die Kalbsschnitzel mit Mehl überstäuben. Auf beiden Seiten in etwas Öl braten und mit einem Spritzer Weißwein ablöschen. Beiseite stellen.

2 Die Aubergine längs in Scheiben schneiden und auf beiden Seiten in Olivenöl goldbraun braten. Aus der Pfanne heben.

3 Die Kalbsplätzchen mit jeweils einer Auberginenscheibe belegen. Die Mozzarellascheiben darüberschichten. Einige Minuten unter dem heißen Grill überbacken, bis der Käse schmilzt. Herausnehmen, mit Tomatensauce beträufeln und nach Wunsch mit Basilikum garniert servieren.

Gebackener Mozzarella im Schinkenhemd

Zubereitung

1 Für die Tomatensauce einen Esslöffel Olivenöl in einer Pfanne erhitzen. Schalotte und Knoblauch auf kleiner Flamme weich dünsten.

2 Den Essig hinzufügen und 3–4 Minuten einkochen lassen. Tomatenpüree und Tomaten hinzufügen und 3 Minuten durchköcheln.

3 Die Kräuter, etwas Salz und das restliche Olivenöl einrühren und bei sehr schwacher Hitze in 10–15 Minuten zu einer dicken Sauce verkochen lassen. Ab und zu umrühren. Vom Herd nehmen, abkühlen lassen

und durch ein grobes Sieb streichen. Beiseite stellen.

4 Backherd auf 150°C vorheizen. Die Mozzarellakugeln mit schwarzem Pfeffer würzen und in je 2 Schinkenscheiben wickeln.

5 Das Öl in einer großen Pfanne rauchend heiß werden lassen. Die Päckchen in die Pfanne setzen und 1 Minute unter ständigem Wenden kräftig bräunen. Die Päckchen in eine Auflaufform setzen und im heißen Rohr 5–6 Minuten backen.

6 Die Tomatensauce auf 4 Teller verteilen und mit gehacktem Basilikum und Estragon bestreuen. Mozzarellapäckchen daraufbetten, mit Olivenöl beträufeln und nach Wunsch mit Rosmarin garniert zu Tisch bringen.

Zutaten

4 Personen

4	Kugeln Büffelmozzarella (à 125 g)
	schwarzer Pfeffer aus der Mühle
8	dünne Scheiben Parmaschinken
1½ EL	Öl zum Braten

Tomatensauce

4 EL	natives Olivenöl extra
1	Schalotte, fein gehackt
1	Knoblauchzehe, gehackt
1 EL	Champagneressig
½	Tasse Tomatenpüree
6	Eiertomaten, gehäutet und entkernt
5	Basilikumblätter
5	Estragonblätter
	Meersalz

Zum Servieren

	etwas gehacktes Basilikum und Estragon
	etwas Rosmarin (nach Wunsch)
	Olivenöl zum Beträufeln

Focaccia mit Parmaschinken
& Mozzarella auf Zwiebelmus

Zutaten

4 Personen

3	weiße Zwiebeln, geschält
50 g	Butter
1	Knoblauchzehe, gehackt
1 Pr.	Thymianblättchen
1	Lorbeerblatt
1 EL	Senfkörner
50 g	brauner Zucker
50 ml	Rotwein
50 ml	Rotweinessig
150 g	Büffelmozzarella
1	mittelgroße Focaccia oder ein anderes gutes Landbrot
2 Bd.	frischer Rucola
200 g	Parmaschinken, in Scheiben geschnitten
	schwarzer Pfeffer aus der Mühle

Zubereitung

1 Die Zwiebeln mit einem scharfen Messer halbieren. Die Wurzelenden entfernen. In dünne Ringe schneiden.

2 Die Butter in einem Topf mit dickem Boden erhitzen. Zwiebelringe, Knoblauch, Thymian, Lorbeer und Senfkörner hinzufügen. Die Zwiebeln unter ständigem Rühren 15–20 Minuten dünsten, bis sie goldbraun aussehen.

3 Zucker, Rotwein und Rotweinessig hinzufügen und mit Pergamentpapier abdecken (oder Deckel einen Spaltbreit offen lassen). Auf kleiner Flamme 30–40 Minuten eindicken lassen.

4 Mozzarella in 4 dicke Scheiben schneiden. Die Focaccia in Quadrate schneiden und rösten.

5 Das Zwiebelmus auf Teller verteilen. Ein Stück Focaccia daraufbetten und mit einigen Rucolablättern belegen. Schinkenscheiben und Mozzarella darauf anrichten. Zum Schluss mit schwarzem Pfeffer übermahlen.

San-Daniele-Schinken mit Büffelmozzarella, Feigen & Balsamicodressing

Zutaten

6 Personen

2 EL	Pinienkerne
6	reife grüne oder blaue Feigen
900 g	Büffelmozzarella
12	großzügige Scheiben San-Daniele-Schinken
6	Grissini-Stangen
	frischer Thymian zum Garnieren (nach Wunsch)

Dressing

60 ml	natives Olivenöl extra
3 TL	Balsamessig
	Salz
	schwarzer Pfeffer aus der Mühle

Zubereitung

1 Die Zutaten für das Balsamicodressing vermischen und abschmecken.

2 Die Pinienkerne auf einem Backblech ausbreiten und bei mittlerer Hitze im Ofen goldbraun rösten. Erkalten lassen.

3 Die Feigen abreiben und den Stielansatz entfernen. Vierteln oder halbieren.

4 Mozzarella in Scheiben schneiden und mit den Schinkenscheiben und Feigen auf Tellern anrichten.

5 Mit Pinienkernen bestreuen und mit dem Dressing beträufeln. Mit Grissini und Thymianzweigen servieren.

Glossar

al dente

Bissfeste Konsistenz von fertig gegartem Reis, Nudeln oder Gemüse.

Aïoli

Die Knoblauchmayonnaise schmeckt hervorragend zu Fischsuppen, Fisch, Eierspeisen und Gemüsegerichten.

Anchoiade

Eine Paste aus Sardellen, Knoblauch und Olivenöl, die als Brotaufstrich oder zum Würzen verwendet wird.

Beignet

Französisches Gebäck, das gewöhnlich aus Brandteig besteht und frittiert wird.

Brioche

Brot aus üppigem Hefeteig mit besonders viel Eiern und Butter.

Zutaten für 1 Laib (ca. 1 kg Teig):

4 EL	warme Milch
42 g	frische Hefe
	(oder 12 g Trockenhefe)
650 g	Mehl
2 EL	Zucker, extra fein
1 EL	Salz
4	Eier
275 g	weiche Butter

Zubereitung

1. Milch in ein Schälchen gießen und die Hefe einrühren. 5 Minuten ruhen lassen. Einen Esslöffel Mehl und den Zucker einrühren und 30 Minuten gehen lassen.
2. Das restliche Mehl und Salz in eine Backschüssel geben, in die Mitte eine Vertiefung drücken. Die Hefemischung und die Eier hineingießen, leicht mit den Fingern vermischen, bis ein Teig entsteht. Auf ein bemehltes Backbrett legen und 15–20 Minuten durchkneten, bis der Teig elastisch und glatt wirkt.
3. Die weiche Butter glattrühren und nach und nach (jeweils etwa 2 Esslöffel) untermischen. Teig in eine Schüssel legen, mit einem sauberen Tuch abdecken und 2 Stunden an einem warmen Ort auf das doppelte Volumen aufgehen lassen. Den Teig durch Wenden oder Schlagen wieder zusammenfallen lassen. Abdecken und mehrere Stunden, am besten über Nacht, im Kühlschrank ruhen lassen.

Büffelmozzarella

Italienischer Weichkäse aus Büffelmilch. Mozzarella wird heute auch aus Kuhmilch hergestellt. Sie können für die Rezepte sowohl Mozzarella aus Büffelmilch als auch aus Kuhmilch verwenden. Büffelmozzarella ist meist etwas würziger im Geschmack als der aus Kuhmilch und empfiehlt sich daher vor allem für die Rezepte, bei denen der Mozzarella pur als Beilage gegessen wird. Beide Mozzarella-Varianten finden Sie auch abgepackt in der Kühltheke im Supermarkt - je frischer umso besser der Geschmack. Ganz frischen Büffelmozzarella in der Lake gibt's beim italienischen Feinkosthändler.

Bocconcini

Wörtlich »Häppchen«, kleine Mozzarellakugeln, in der Regel aus Kuhmilch. Bei uns als Mini-Mozzarellakugeln oder Snack-Kugeln im Handel.

Caponata

auch Caponatina; Mischgemüse aus Sizilien, zu dem traditionsgemäß vor allem Zwiebeln, Staudensellerie, Tomaten und Auberginen sowie verschiedene andere Gemüsesorten gehören.

Carta Musica

Eine Brotspezialität aus Sardinien, die dort auch unter dem Namen »Pane Carasau« bekannt ist. Sie bekommen es in der Regel in gut sortierten italienischen Feinkostläden. Das Brot wird ohne Hefe hergestellt und zeichnet sich durch die knusprige, papierdünne Konsistenz und goldgelbe Farbe aus. Es wird in großen Scheiben auf Backschaufeln gebacken und hält sich lange frisch. »Carta Musica« bezeichnet im Italienischen das dünne Pergament, das früher als Notenpapier verwendet wurde.

Ciabatta

Ein langer, ovaler Brotwecken, der aussieht wie ein Pantoffel, italienisch »Ciabatta«. Der Teig enthält mehr Wasser, als die meisten Brote benötigen, und geht nur sehr langsam auf, wodurch ein leichtes Brot mit dünner Kruste entsteht.

Focaccia

Dickes italienisches Fladenbrot, das aus Mehl, Salz, Hefe und Wasser hergestellt wird. Focaccia wird oft mit verschiedenen Zutaten wie Olivenöl, Kräutern, Eiern oder Käse angereichert.

Gazpacho

Kalte Tomaten-Gurken-Suppe mit Knoblauch aus Spanien, auch als Sauce verwendbar.

Haferwurzel

Die Wurzel einer Pflanze aus dem Mittelmeerraum *(Tragopogon porrifolius)* besitzt einen austernähnlichen Geschmack.

Harissa

Die scharfe Würzpaste aus Chillies, Minze, Knoblauch, Olivenöl und anderen Gewürzen ist in den Küchen Nordafrikas und des Mittleren Orients zu Hause.

Orecchiette

Eine Nudelsorte aus der italienischen Region Apulien. Der Name bedeutet wörtlich »Öhrchen«, weil die Pasta mit ihrer kleinen, hohlen Form ein wenig darin erinnert.

Pancetta

Luftgetrockneter, magerer gesalzener Speck vom Schweinebauch. Er wird in Scheiben oder gerollt, manchmal auch mit Gewürzen eingerieben, angeboten.

Pecorino

Italienischer Hartkäse aus Schafsmilch, der in Mittel- und Süditalien hergestellt wird; bekannte Sorten sind toscano, romano, sardo oder siciliano. Je nach Region und Reife variiert der Geschmack von mild bis kräftig.

Penne

Eine italienische Nudelsorte in Röhrenform, deren Enden schräg abgeschnitten sind. Wörtlich heißen sie »Federkiele«.

Rigatoni

Eine italienische Nudelform. Die großen, kräftigen Röhrennudeln eignen sich sehr gut für Gemüsesaucen.

Risottoreis

Grober Rundkornreis (auch »Milchreis« genannt), der beim Kochen bis zu 15 % Stärke in das Kochwasser abgibt. Je nach Kochgrad ergibt sich eine sämige bis pappig-klebrige Masse.

Timballo

Ein klassisches italienisches Gericht, bei dem Fleisch und Gemüse in eine mit einem Teigmantel ausgeschlagene Form gefüllt und im Ofen gebacken werden.

Tomatensauce

Hier ein italienisch inspiriertes Grundrezept:

Zutaten

3 EL	Olivenöl
1	Zwiebel
2	Knoblauchzehen, geschält
250 g	geschälte Tomaten aus der Dose oder frische gehäutete Tomaten
	Salz & Pfeffer

Zubereitung

Das Öl in einer Pfanne erhitzen. Die gehackte Zwiebel und den gehackten Knoblauch goldgelb dünsten. Tomaten, Salz und Pfeffer hinzufügen und etwa 20 Minuten köcheln lassen, bis die überschüssige Flüssigkeit verkocht ist. Nach Wunsch mit einem Teelöffel Tomatenmark oder –püree verfeinern.

Treccine

Mozzarella in »Zöpfchen«-Form.

Register

Danksagung

Francesco Moncada di Paternò dankt Caseifi-
cio F.lli Fierro, vor allem Giuseppe Fierro und
Marco Fossataro; Dott. Nicola Damiani;
Dott. Enzo Spagnoli; sowie Alan Parker von
den Central Scientific Laboratories.

Verbindlicher Dank ebenfalls an Simon Hop-
kinson; La Picena, London; Kevin Gould;
ferner an Jario Chamorro-Rojas.
Sian Irvine dankt Jake Curtis;

Rebecca Wingrave; Steve Shipman;
sowie Anna und Derek Irvine.

Büffelmozzarella von Franceschiello/
Blue U.K. Ltd.
8 Talina Centre, 23A Bagleys Lane,
London SW6 2BW.
Tel. (+44) 0171/6106155,
Fax (+44) 0171/6106133.

Zusätzliche Aufnahmen mit freundlicher
Genehmigung:

The Hutchinson Library ©
Robert Aberman: S. 4,6
Alessandro Melodia:
S. 7, 9 o.r., 9 u.l., 10 o.l., 11

21 Köche aus London haben für dieses Buch die fantasievollen Rezepte rund um die neapolitanische Köstlichkeit »mozzarella di bufala« entwickelt. Diese jungen Küchen-Trendsetter etablieren in den letzten Jahren die sogenannte »moderne englische Küche«. Und die entspricht keinesfalls dem Bild der britischen Küche, das einem bisher bei Braten in Minzsauce, Porridge & Co. vor Augen schwebte.

Die Namen vieler Köche lassen auf italienische Wurzeln schließen. In London bleiben sie dem einfach-edlen Ethos der »cucina italiana« treu: nur die besten Zutaten, frisch und der Jahreszeit entsprechend, mit goldenem Olivenöl und den würzigen Kräutern Italiens verfeinert. Dieses »einfach, aber gut« besticht auch heimische Küchenchefs und so entsteht in London eine italienische Küche kombiniert mit dem Zeitgeist der Moderne.

Lassen Sie sich von den Rezeptnamen verführen und zum Nachkochen anregen! Welches Rezept wurde von welchem Küchenstar und in welchem Restaurant kreiert? Nachfolgend finden Sie eine alphabetische Auflistung der Köche mit ihrem Restaurant sowie den von ihnen zu diesem Buch beigesteuerten Rezepten nebst Seitenzahlen.

Köche und Restaurants

Simon Arkless
OXO TOWER

- *Kräuter-Crostini mit Basilikumsahne & Mozzarella (S. 94)*
- *Gegrillte Pilze & Mozzarella mit Paprika-Peperoni-Relish (S. 102)*
- *Kürbisrisotto mit Schalottenringen & Pesto (S. 109)*

Chris Benians
DAPHNE'S

- *Spaghetti alla Sorrento (S. 58)*
- *Büffelmozzarella mit Auberginenröllchen & Pesto (S. 79)*
- *Büffelmozzarella mit piemontesischem Paprika (S. 80)*

Lorenzo Berni
SAN LORENZO

- *Insalata del Principe di Napoli (S. 21)*
- *Le Penne dei Principi di Paternò (S. 68)*

David Burke
LE PONT DE LA TOUR

- *Gebratenes Ciabatta-Sandwich mit Büffelmozzarella (S. 37)*
- *Roulade aus gegrilltem Gemüse & Büffelmozzarella (S. 73)*
- *Mozzarelltarte mit Tomaten & Pesto (S. 105)*

Dean Carr
THE AVENUE

- *Gegrilltes Gemüse mit Mozzarella
  & Knoblauch (S. 16)*
- *Brioche mit Paprika,
  Auberginen & Mozzarella (S. 41)*
- *Tomatenrisotto mit Mozzarella
  & Basilikum (S. 121)*
- *Focaccia mit Parmaschinken
  & Mozzarella auf Zwiebelmus (S. 150)*

Stefano Cavallini
THE HALKIN

- *Ravioli alla Mozzarella (S. 63)*
- *Gebackene Zucchiniblüten (S. 88)*
- *Caponatina aus Auberginen,
  Garnelen & Mozzarella (S. 126)*

Quinto Cecchetti
LA FAMIGLIA

- *Kalbsschnitzel mit Auberginen
  & zartschmelzendem Mozzarella (S. 146)*

Simone Cerea
CARAVAGGIO

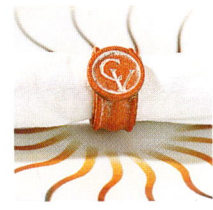

- *Frische Linguine mit Spargel,
  getrockneten Tomaten & geräuchertem
  Mozzarella (S. 56)*
- *Büffelmozzarella mit einem Fächer
  aus Räucherlachs und Chicorée (S. 129)*
- *Kalbsplätzchen mit frischem Blattspinat
  & Mozzarella (S. 145)*

Alberto Chiappa
MONTPELIANO

- *Insalata alla Sophia (S. 25)*
- *Mozzarella-Spargel-Salat
  mit Paprikavinaigrette (S. 75)*
- *Risotto mantecato (S. 110)*

Sally Clarke
CLARKE'S

- *Schalotten-Tomaten-Focaccia
  mit Mozzarellahäppchen (S. 45)*
- *Gegrillte Auberginen mit dunklem
  Basilikum & Mozzarella (S. 92)*
- *San-Daniele-Schinken mit
  Büffelmozzarella, Feigen
  & Balsamico-Dressing (S. 152)*

Henry Harris
FIFTH FLOOR/HARVEY NICHOLS

- *Tomaten-Mozzarella-Risotto (S. 114)*
- *Mozzarellazöpfchen mit Anchovis, Zwiebeln & Zitrone (S. 131)*
- *Trüffel-Burrata mit Schinken & ausgebackenen Artischocken (S. 138)*

Henrik Iversen
QUAGLINO'S

- *Büffelmozzarella & Pfifferlinge mit Cabernetessig (S. 27)*
- *Büffelmozzarella mit Couscous, Zitrone, Petersilie & Kapern (S. 83)*
- *Auberginen-Mozzarella-Beignet mit Haferwurzel & Balsamessig (S. 96)*

Michael Moore
BLUEBIRD

- *Fladenbrot mit Mozzarellahäppchen, Gewürzen & Sardellen (S. 35)*
- *Auberginenstrudel mit gebratenem Paprika (S. 48)*
- *Polentasandwich mit Mozzarella & Parmaschinken (S. 52)*

Matthew Harris
BIBENDUM

- *Würziger Artischockensalat (S. 20)*
- *Gebackener Mozzarella mit Sardellendressing (S. 86)*
- *Safran-Mozzarella-Risotto mit Rucola (S. 115)*

Alastair Little
ALASTAIR LITTLE

- *Focaccia mit Büffelmozzarella & Rosmarin (S. 51)*
- *Gegrillte Gemüseküchlein mit Mozzarella (S. 85)*

Alberico Penati
HARRY'S BAR / ANNABEL'S

- *Geeister Tomatensalat mit Mozzarellahäppchen (S. 28)*
- *Geräucherter Büffelmozzarella mit Steinpilzen (S. 93)*
- *Gemüseskulpturen mit Mozzarellahäppchen (S. 99)*
- *Bohnenpâté mit Büffelmozzarella & Gemüsemayonnaise (S. 100)*
- *Rote Zwiebeln & Büffelmozzarella auf Wildreis (S. 118)*
- *Mozzarellabällchen auf Kaviar (S. 133)*
- *Mozzarella-Krabben in Safransauce (S. 134)*

Theo Randall
RIVER CAFÉ

- *Rigatoni mit Büffelmozzarella & Pecorino (S. 64)*
- *Gebackener Büffelmozzarella auf Mürbeteig (S. 67)*
- *Risotto mit geräuchertem Speck, Büffelmozzarella & Wirsing (S. 122)*

Antonello Tagliabue
BICE

- *Toskanische Focaccia mit Mozzarella, gebratenem Paprika & Basilikumsauce (S. 38)*
- *Timballo aus Auberginen & Orecchiette mit Mozzarella (S. 61)*
- *Kalbskotelett mit Mozzarella-Steinpilz-Füllung (S. 142)*

Paul Wilson
GEORGES (MELBOURNE)

- *Crescenta mit Mozzarella, gebratenem Paprika & Anchoiade (S. 43)*
- *Gebratene Tomaten mit Caponata & Mozzarella (S. 76)*
- *Spargel mit Parmaschinken & Mozzarella (S. 141)*

Nino Sassu
ASSAGGI

- *Auberginensalat mit Carta Musica (S. 30)*

John Torode
MEZZO

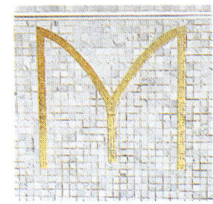

- *Tomaten mit Sauerampfer & Büffelmozzarella (S. 22)*
- *Brioche mit Paprika, Auberginen & Mozzarella (S. 41)*
- *Gebackener Mozzarella im Schinkenhemd (S. 149)*

Pasta alla italiana:
Genuss in unendlicher Vielfalt.

JULIA DELLA CROCE

pasta

Die große Leidenschaft · 140 Rezepte

Pasta macht glücklich! Lassen Sie sich verführen zu Genüssen in unendlicher Vielfalt – traditionelle Pasta-Klassiker ebenso wie regionale und ausgefallene Spezialitäten. Von Nudeln pur mit duftenden Kräutern über gehaltvolle Aufläufe bis zu exquisiten Teigtäschchen reicht das Spektrum der kulinarischen Verführungen.

140 köstliche Originalrezepte werden Sie dazu animieren, immer neue Zubereitungsarten auszuprobieren. Dass alle Gerichte problemlos gelingen, garantieren die präzisen Anleitungen und Tipps zur Küchenpraxis.